Poems

Mikhail Yuryevich Lermontov

Поэмы

Михаил Лермонтов

Poems

ISNB: 978-1-60444-931-0

Поэмы

ISNB: 978-1-60444-931-0

ДЕМОН

(Восточная повесть)

Часть I

I

Печальный Демон, дух изгнанья,
Летал над грешною землей,
И лучших дней воспоминанья
Пред ним теснилися толпой;
Тех дней, когда в жилище света
Блистал он, чистый херувим,
Когда бегущая комета
Улыбкой ласковой привета
Любила поменяться с ним,
Когда сквозь вечные туманы,
Познанья жадный, он следил
Кочующие караваны
В пространстве брошенных светил;
Когда он верил и любил,
Счастливый первенец творенья!
Не знал ни злобы, ни сомненья,
И не грозил уму его
Веков бесплодных ряд унылый...
И много, много... и всего
Припомнить не имел он силы!

II

Давно отверженный блуждал
В пустыне мира без приюта:
Вослед за веком век бежал,
Как за минутою минута,
Однообразной чередой.
Ничтожной властвуя землей,
Он сеял зло без наслажденья,
Нигде искусству своему

Он не встречал сопротивленья —
И зло наскучило ему.

III

И над вершинами Кавказа
Изгнанник рая пролетал:
Под ним Казбек, как грань алмаза,
Снегами вечными сиял,
И, глубоко внизу чернея,
Как трещина, жилище змея,
Вился излучистый Дарьял,
И Терек, прыгая, как львица
С косматой гривой на хребте,
Ревел, — и горный зверь и птица,
Кружась в лазурной высоте,
Глаголу вод его внимали;
И золотые облака
Из южных стран, издалека
Его на север провожали;
И скалы тесною толпой,
Таинственной дремоты полны,
Над ним склонялись головой,
Следя мелькающие волны;
И башни замков на скалах
Смотрели грозно сквозь туманы —
У врат Кавказа на часах
Сторожевые великаны!
И дик и чуден был вокруг
Весь божий мир; но гордый дух
Презрительным окинул оком
Творенье бога своего,
И на челе его высоком
Не отразилось ничего.

IV

И перед ним иной картины
Красы живые расцвели:
Роскошной Грузии долины
Ковром раскинулись вдали;
Счастливый, пышный край земли!

Столпообразные раины,
Звонко-бегущие ручьи
По дну из камней разноцветных,
И кущи роз, где соловьи
Поют красавиц, безответных
На сладкий голос их любви;
Чинар развесистые сени,
Густым венчанные плющом,
Пещеры, где палящим днем
Таятся робкие олени;
И блеск, и жизнь, и шум листов,
Стозвучный говор голосов,
Дыханье тысячи растений!
И полдня сладострастный зной,
И ароматною росой
Всегда увлаженные ночи,
И звезды яркие, как очи,
Как взор грузинки молодой!..
Но, кроме зависти холодной,
Природы блеск не возбудил
В груди изгнанника бесплодной
Ни новых чувств, ни новых сил;
И все, что пред собой он видел,
Он презирал иль ненавидел.

V

Высокий дом, широкий двор
Седой Гудал себе построил...
Трудов и слез он много стоил
Рабам послушным с давних пор.
С утра на скат соседних гор
От стен его ложатся тени.
В скале нарублены ступени;
Они от башни угловой
Ведут к реке, по ним мелькая,
Покрыта белою чадрой[1] ,
Княжна Тамара молодая
К Арагве ходит за водой

[1] Покрывало. (Прим. М. Ю. Лермонтова.)

VI

Всегда безмолвно на долины
Глядел с утеса мрачный дом;
Но пир большой сегодня в нем —
Звучит зурна[2] , и льются вины —
Гудал сосватал дочь свою,
На пир он созвал всю семью.
На кровле, устланной коврами,
Сидит невеста меж подруг:
Средь игр и песен их досуг
Проходит. Дальними горами
Уж спрятан солнца полукруг;
В ладони мерно ударяя,
Они поют — и бубен свой
Берет невеста молодая.
И вот она, одной рукой
Кружа его над головой,
То вдруг помчится легче птицы,
То остановится, глядит —
И влажный взор ее блестит
Из-под завистливой ресницы;
То черной бровью поведет,
То вдруг наклонится немножко,
И по ковру скользит, плывет
Ее божественная ножка;
И улыбается она,
Веселья детского полна,
Но луч луны, по влаге зыбкой
Слегка играющий порой,
Едва ль сравнится с той улыбкой,
Как жизнь, как молодость, живой.

VII

Клянусь полночною звездой,
Лучом заката и востока,
Властитель Персии златой
И ни единый царь земной

---

[2] Вроде волынки. (Прим. М. Ю. Лермонтова.)

Не целовал такого ока;
Гарема брызжущий фонтан
Ни разу жаркою порою
Своей жемчужною росою
Не омывал подобный стан!
Еще ничья рука земная,
По милому челу блуждая,
Таких волос не расплела;
С тех пор как мир лишился рая,
Клянусь, красавица такая
Под солнцем юга не цвела.

VIII

В последний раз она плясала.
Увы! заутра ожидала
Ее, наследницу Гудала,
Свободы резвую дитя,
Судьба печальная рабыни,
Отчизна, чуждая поныне,
И незнакомая семья.
И часто тайное сомненье
Темнило светлые черты;
И были все ее движенья
Так стройны, полны выраженья,
Так полны милой простоты,
Что если б Демон, пролетая,
В то время на нее взглянул,
То, прежних братии вспоминая,
Он отвернулся б — и вздохнул...

IX

И Демон видел... На мгновенье
Неизъяснимое волненье
В себе почувствовал он вдруг,
Немой души его пустыню
Наполнил благодатный звук —
И вновь постигнул он святыню
Любви, добра и красоты!

И долго сладостной картиной
Он любовался — и мечты
О прежнем счастье цепью длинной,
Как будто за звездой звезда,
Пред ним катилися тогда.
Прикованный незримой силой,
Он с новой грустью стал знаком;
В нем чувство вдруг заговорило
Родным когда-то языком.
То был ли признак возрожденья?
Он слов коварных искушенья
Найти в уме своем не мог...
Забыть? — забвенья не дал бог:
Да он и не взял бы забвенья!..

X

Измучив доброго коня,
На брачный пир к закату дня
Спешил жених нетерпеливый.
Арагвы светлой он счастливо
Достиг зеленых берегов.
Под тяжкой ношею даров
Едва, едва переступая,
За ним верблюдов длинный ряд
Дорогой тянется, мелькая:
Их колокольчики звенят.
Он сам, властитель Синодала,
Ведет богатый караван.
Ремнем затянут ловкий стан;
Оправа сабли и кинжала
Блестит на солнце; за спиной
Ружье с насечкой вырезной.
Играет ветер рукавами
Его чухи[3], — кругом она
Вся галуном обложена.
Цветными вышито шелками
Его седло; узда с кистями;
Под ним весь в мыле конь лихой

---

[3] Верхняя одежда с откидными рукавами. (Прим. М. Ю. Лермонтова.)

Бесценной масти, золотой.
Питомец резвый Карабаха
Прядет ушьми и, полный страха,
Храпя косится с крутизны
На пену скачущей волны.
Опасен, узок путь прибрежный!
Утесы с левой стороны,
Направо глубь реки мятежной.
Уж поздно. На вершине снежной
Румянец гаснет; встал туман...
Прибавил шагу караван.

XI

И вот часовня на дороге...
Тут с давних лет почиет в боге
Какой-то князь, теперь святой,
Убитый мстительной рукой.
С тех пор на праздник иль на битву,
Куда бы путник ни спешил,
Всегда усердную молитву
Он у часовни приносил;
И та молитва сберегала
От мусульманского кинжала.
Но презрел удалой жених
Обычай прадедов своих.
Его коварною мечтою
Лукавый Демон возмущал:
Он в мыслях, под ночною тьмою,
Уста невесты целовал.
Вдруг впереди мелькнули двое,
И больше — выстрел! — что такое?..
Привстав на звонких[4] стременах,
Надвинув на брови папах[5],
Отважный князь не молвил слова;
В руке сверкнул турецкий ствол,
Нагайка щелк — и, как орел,

[4] Стремена у грузин вроде башмаков из звонкого металла. (Прим. М. Ю. Лермонтова.)
[5] Шапка, вродеериванки. (Прим. М. Ю. Лермонтова.)

Он кинулся... и выстрел снова!
И дикий крик и стон глухой
Промчались в глубине долины —
Недолго продолжался бой:
Бежали робкие грузины!

XII

Затихло все; теснясь толпой,
На трупы всадников порой
Верблюды с ужасом глядели;
И глухо в тишине степной
Их колокольчики звенели.
Разграблен пышный караван;
И над телами христиан
Чертит круги ночная птица!
Не ждет их мирная гробница
Под слоем монастырских плит,
Где прах отцов их был зарыт;
Не придут сестры с матерями,
Покрыты длинными чадрами,
С тоской, рыданьем и мольбами,
На гроб их из далеких мест!
Зато усердною рукою
Здесь у дороги, над скалою
На память водрузится крест;
И плющ, разросшийся весною,
Его, ласкаясь, обовьет
Своею сеткой изумрудной;
И, своротив с дороги трудной,
Не раз усталый пешеход
Под божьей тенью отдохнет...

XIII

Несется конь быстрее лани,
Храпит и рвется, будто к брани;
То вдруг осадит на скаку,
Прислушается к ветерку,
Широко ноздри раздувая;
То, разом в землю ударяя

Шипами звонкими копыт,
Взмахнув растрепанною гривой,
Вперед без памяти летит.
На нем есть всадник молчаливый!
Он бьется на седле порой,
Припав на гриву головой.
Уж он не правит поводами,
Задвинул ноги в стремена,
И кровь широкими струями
На чепраке его видна.
Скакун лихой, ты господина
Из боя вынес как стрела,
Но злая пуля осетина
Его во мраке догнала!

XIV

В семье Гудала плач и стоны,
Толпится на дворе народ:
Чей конь примчался запаленный
И пал на камни у ворот?
Кто этот всадник бездыханный?
Хранили след тревоги бранной
Морщины смуглого чела.
В крови оружие и платье;
В последнем бешеном пожатье
Рука на гриве замерла.
Недолго жениха младого,
Невеста, взор твой ожидал:
Сдержал он княжеское слово,
На брачный пир он прискакал...
Увы! но никогда уж снова
Не сядет на коня лихого!..

XV

На беззаботную семью
Как гром слетела божья кара!
Упала на постель свою,
Рыдает бедная Тамара;
Слеза катится за слезой,

Грудь высоко и трудно дышит;
И вот она как будто слышит
Волшебный голос над собой:
«Не плачь, дитя! не плачь напрасно!
Твоя слеза на труп безгласный
Живой росой не упадет:
Она лишь взор туманит ясный,
Ланиты девственные жжет!
Он далеко, он не узнает,
Не оценит тоски твоей;
Небесный свет теперь ласкает
Бесплотный взор его очей;
Он слышит райские напевы...
Что жизни мелочные сны,
И стон и слезы бедной девы
Для гостя райской стороны?
Нет, жребий смертного творенья,
Поверь мне, ангел мой земной,
Не стоит одного мгновенья
Твоей печали дорогой!
На воздушном океане,
Без руля и без ветрил,
Тихо плавают в тумане
Хоры стройные светил;
Средь полей необозримых
В небе ходят без следа
Облаков неуловимых
Волокнистые стада.
Час разлуки, час свиданья —
Им ни радость, ни печаль;
Им в грядущем нет желанья
И прошедшего не жаль.
В день томительный несчастья
Ты об них лишь вспомяни;
Будь к земному без участья
И беспечна, как они!
Лишь только ночь своим покровом
Верхи Кавказа осенит,
Лишь только мир, волшебным словом
Завороженный, замолчит;
Лишь только ветер над скалою

Увядшей шевельнет травою,
И птичка, спрятанная в ней,
Порхнет во мраке веселей;
И под лозою виноградной,
Росу небес глотая жадно,
Цветок распустится ночной;
Лишь только месяц золотой
Из-за горы тихонько встанет
И на тебя украдкой взглянет, —
К тебе я стану прилетать;
Гостить я буду до денницы
И на шелковые ресницы
Сны золотые навевать...»

XVI

Слова умолкли в отдаленье,
Вослед за звуком умер звук.
Она, вскочив, глядит вокруг...
Невыразимое смятенье
В ее груди; печаль, испуг,
Восторга пыл — ничто в сравненье.
Все чувства в ней кипели вдруг;
Душа рвала свои оковы,
Огонь по жилам пробегал,
И этот голос чудно-новый,
Ей мнилось, все еще звучал.
И перед утром сон желанный
Глаза усталые смежил;
Но мысль ее он возмутил
Мечтой пророческой и странной.
Пришлец туманный и немой,
Красой блистая неземной,
К ее склонился изголовью;
И взор его с такой любовью,
Так грустно на нее смотрел,
Как будто он об ней жалел.
То не был ангел-небожитель,
Ее божественный хранитель:
Венец из радужных лучей
Не украшал его кудрей.

То не был ада дух ужасный,
Порочный мученик — о нет!
Он был похож на вечер ясный:
Ни день, ни ночь, — ни мрак, ни свет!..

Часть II

I

«Отец, отец, оставь угрозы,
Свою Тамару не брани;
Я плачу: видишь эти слезы,
Уже не первые они.
Напрасно женихи толпою
Спешат сюда из дальних мест.
Немало в Грузии невест;
А мне не быть ничьей женою!..
О, не брани, отец, меня.
Ты сам заметил: день от дня
Я вяну, жертва злой отравы!
Меня терзает дух лукавый
Неотразимою мечтой;
Я гибну, сжалься надо мной!
Отдай в священную обитель
Дочь безрассудную свою;
Там защитит меня спаситель,
Пред ним тоску мою пролью,
На свете нет уж мне веселья...
Святыни миром осеня,
Пусть примет сумрачная келья,
Как гроб, заранее меня...»

II

И в монастырь уединенный
Ее родные отвезли,
И власяницею смиренной
Грудь молодую облекли.

Но и в монашеской одежде,
Как под узорною парчой,
Все беззаконною мечтой
В ней сердце билося, как прежде.
Пред алтарем, при блеске свеч,
В часы торжественного пенья,
Знакомая, среди моленья,
Ей часто слышалася речь.
Под сводом сумрачного храма
Знакомый образ иногда
Скользил без звука и следа
В тумане легком фимиама;
Сиял он тихо, как звезда;
Манил и звал он... но — куда?..

III

В прохладе меж двумя холмами
Таился монастырь святой.
Чинар и тополей рядами
Он окружен был — и порой,
Когда ложилась ночь в ущелье,
Сквозь них мелькала, в окнах кельи,
Лампада грешницы младой.
Кругом, в тени дерев миндальных,
Где ряд стоит крестов печальных,
Безмолвных сторожей гробниц,
Спевались хоры легких птиц.
По камням прыгали, шумели
Ключи студеною волной,
И под нависшею скалой,
Сливаясь дружески в ущелье,
Катились дальше, меж кустов,
Покрытых инеем цветов.

IV

На север видны были горы.
При блеске утренней Авроры,
Когда синеющий дымок
Курится в глубине долины,

И, обращаясь на восток,
Зовут к молитве муэцины,
И звучный колокола глас
Дрожит, обитель пробуждая;
В торжественный и мирный час,
Когда грузинка молодая
С кувшином длинным за водой
С горы спускается крутой,
Вершины цепи снеговой
Светло-лиловою стеной
На чистом небе рисовались
И в час заката одевались
Они румяной пеленой;
И между них, прорезав тучи,
Стоял, всех выше головой,
Казбек, Кавказа царь могучий,
В чалме и ризе парчевой.

V

Но, полно думою преступной,
Тамары сердце недоступно
Восторгам чистым. Перед ней
Весь мир одет угрюмой тенью;
И все ей в нем предлог мученью
И утра луч и мрак ночей.
Бывало, только ночи сонной
Прохлада землю обоймет,
Перед божественной иконой
Она в безумье упадет
И плачет; и в ночном молчанье
Ее тяжелое рыданье
Тревожит путника вниманье;
И мыслит он: «То горный дух
Прикованный в пещере стонет!»
И чуткий напрягая слух,
Коня измученного гонит.

VI

Тоской и трепетом полна,
Тамара часто у окна

Сидит в раздумье одиноком
И смотрит вдаль прилежным оком,
И целый день, вздыхая, ждет...
Ей кто-то шепчет: он придет!
Недаром сны ее ласкали,
Недаром он являлся ей,
С глазами, полными печали,
И чудной нежностью речей.
Уж много дней она томится,
Сама не зная почему;
Святым захочет ли молиться —
А сердце молится ему;
Утомлена борьбой всегдашней,
Склонится ли на ложе сна:
Подушка жжет, ей душно, страшно,
И вся, вскочив, дрожит она;
Пылают грудь ее и плечи,
Нет сил дышать, туман в очах,
Объятья жадно ищут встречи,
Лобзанья тают на устах...

VII

Вечерней мглы покров воздушный
Уж холмы Грузии одел.
Привычке сладостной послушный,
В обидель Демон прилетел.
Но долго, долго он не смел
Святыню мирного приюта
Нарушить. И была минута,
Когда казался он готов
Оставить умысел жестокой,
Задумчив у стены высокой
Он бродит: от его шагов
Без ветра лист в тени трепещет.
Он поднял взор: ее окно,
Озарено лампадой, блещет;
Кого-то ждет она давно!
И вот средь общего молчанья

Чингура[6] стройное бряцанье
И звуки песни раздались;
И звуки те лились, лились,
Как слезы, мерно друг за другом;
И эта песнь была нежна,
Как будто для земли она
Была на небе сложена!
Не ангел ли с забытым другом
Вновь повидаться захотел,
Сюда украдкою слетел
И о былом ему пропел,
Чтоб усладить его мученье?..
Тоску любви, ее волненье
Постигнул Демон в первый раз;
Он хочет в страхе удалиться...
Его крыло не шевелится!
И, чудо! из померкших глаз
Слеза тяжелая катится...
Поныне возле кельи той
Насквозь прожженный виден камень
Слезою жаркою, как пламень,
Нечеловеческой слезой!..

VIII

И входит он, любить готовый,
С душой, открытой для добра,
И мыслит он, что жизни новой
Пришла желанная пора.
Неясный трепет ожиданья,
Страх неизвестности немой,
Как будто в первое свиданье
Спознались с гордою душой.
То было злое предвещанье!
Он входит, смотрит — перед ним
Посланник рая, херувим,
Хранитель грешницы прекрасной,
Стоит с блистающим челом

[6] Чингар — род гитары. (Прим. М. Ю. Лермонтова.)

И от врага с улыбкой ясной
Приосенил ее крылом;
И луч божественного света
Вдруг ослепил нечистый взор,
И вместо сладкого привета
Раздался тягостный укор:

IX

«Дух беспокойный, дух порочный,
Кто звал тебя во тьме полночной?
Твоих поклонников здесь нет,
Зло не дышало здесь поныне;
К моей любви, к моей святыне
Не пролагай преступный след.
Кто звал тебя?»
Ему в ответ
Злой дух коварно усмехнулся;
Зарделся ревностию взгляд;
И вновь в душе его проснулся
Старинной ненависти яд.
«Она моя! — сказал он грозно, —
Оставь ее, она моя!
Явился ты, защитник, поздно,
И ей, как мне, ты не судья.
На сердце, полное гордыни,
Я наложил печать мою;
Здесь больше нет твоей святыни,
Здесь я владею и люблю!»
И Ангел грустными очами
На жертву бедную взглянул
И медленно, взмахнув крылами,
В эфире неба потонул.

X

Тамара
О! кто ты? речь твоя опасна!
Тебя послал мне ад иль рай?
Чего ты хочешь?..

Демон
Ты прекрасна!

Тамара
Но молви, кто ты? отвечай...

Демон
Я тот, которому внимала
Ты в полуночной тишине,
Чья мысль душе твоей шептала,
Чью грусть ты смутно отгадала,
Чей образ видела во сне.
Я тот, чей взор надежду губит;
Я тот, кого никто не любит;
Я бич рабов моих земных,
Я царь познанья и свободы,
Я враг небес, я зло природы,
И, видишь, — я у ног твоих!
Тебе принес я в умиленье
Молитву тихую любви,
Земное первое мученье
И слезы первые мои.
О! выслушай — из сожаленья!
Меня добру и небесам
Ты возвратить могла бы словом.
Твоей любви святым покровом
Одетый, я предстал бы там,
Как новый ангел в блеске новом;
О! только выслушай, молю, —
Я раб твой, — я тебя люблю!
Лишь только я тебя увидел —
И тайно вдруг возненавидел
Бессмертие и власть мою.
Я позавидовал невольно
Неполной радости земной;
Не жить, как ты, мне стало больно,
И страшно — розно жить с тобой.
В бескровном сердце луч нежданный
Опять затеплился живей,
И грусть на дне старинной раны
Зашевелилася, как змей.

Что без тебя мне эта вечность?
Моих владений бесконечность?
Пустые звучные слова,
Обширный храм — без божества!

Тамара
Оставь меня, о дух лукавый!
Молчи, не верю я врагу...
Творец... Увы! я не могу
Молиться... гибельной отравой
Мой ум слабеющий объят!
Послушай, ты меня погубишь;
Твои слова — огонь и яд...
Скажи, зачем меня ты любишь!

Демон
Зачем, красавица? Увы,
Не знаю!.. Полон жизни новой,
С моей преступной головы
Я гордо снял венец терновый,
Я все былое бросил в прах:
Мой рай, мой ад в твоих очах.
Люблю тебя нездешней страстью,
Как полюбить не можешь ты:
Всем упоением, всей властью
Бессмертной мысли и мечты.
В душе моей, с начала мира,
Твой образ был напечатлен,
Передо мной носился он
В пустынях вечного эфира.
Давно тревожа мысль мою,
Мне имя сладкое звучало;
Во дни блаженства мне в раю
Одной тебя недоставало.
О! если б ты могла понять,
Какое горькое томленье
Всю жизнь, века без разделенья
И наслаждаться и страдать,
За зло похвал не ожидать,
Ни за добро вознагражденья;
Жить для себя, скучать собой

И этой вечною борьбой
Без торжества, без примиренья!
Всегда жалеть и не желать,
Все знать, все чувствовать, все видеть,
Стараться все возненавидеть
И все на свете презирать!..
Лишь только божие проклятье
Исполнилось, с того же дня
Природы жаркие объятья
Навек остыли для меня;
Синело предо мной пространство;
Я видел брачное убранство
Светил, знакомых мне давно...
Они текли в венцах из злата;
Но что же? прежнего собрата
Не узнавало ни одно.
Изгнанников, себе подобных,
Я звать в отчаянии стал,
Но слов и лиц и взоров злобных,
Увы! я сам не узнавал.
И в страхе я, взмахнув крылами,
Помчался — но куда? зачем?
Не знаю... прежними друзьями,
Я был отвергнут; как эдем,
Мир для меня стал глух и нем.
По вольной прихоти теченья
Так поврежденная ладья
Без парусов и без руля
Плывет, не зная назначенья;
Так ранней утренней порой
Отрывок тучи громовой,
В лазурной тишине чернея,
Один, нигде пристать не смея,
Летит без цели и следа,
Бог весть откуда и куда!
И я людьми недолго правил,
Греху недолго их учил,
Все благородное бесславил
И все прекрасное хулил;
Недолго... пламень чистой веры
Легко навек я залил в них...

А стоили ль трудов моих
Одни глупцы да лицемеры?
И скрылся я в ущельях гор;
И стал бродить, как метеор,
Во мраке полночи глубокой...
И мчался путник одинокой,
Обманут близким огоньком;
И в бездну падая с конем,
Напрасно звал — и след кровавый
За ним вился по крутизне...
Но злобы мрачные забавы
Недолго нравилися мне!
В борьбе с могучим ураганом,
Как часто, подымая прах,
Одетый молньей и туманом,
Я шумно мчался в облаках,
Чтобы в толпе стихий мятежной
Сердечный ропот заглушить,
Спастись от думы неизбежной
И незабвенное забыть!
Что повесть тягостных лишений,
Трудов и бед толпы людской
Грядущих, прошлых поколений,
Перед минутою одной
Моих непризнанных мучений?
Что люди? что их жизнь и труд?
Они прошли, они пройдут...
Надежда есть — ждет правый суд:
Простить он может, хоть осудит!
Моя ж печаль бессменно тут,
И ей конца, как мне, не будет;
И не вздремнуть в могиле ей!
Она то ластится, как змей,
То жжет и плещет, будто пламень,
То давит мысль мою, как камень —
Надежд погибших и страстей
Несокрушимый мавзолей!..

Тамара
Зачем мне знать твои печали,
Зачем ты жалуешься мне?

Ты согрешил...

Демон
Против тебя ли?

Тамара

Нас могут слышать!..

Демон
Мы одне.

Тамара
А бог!

Демон
На нас не кинет взгляда:
Он занят небом, не землей!

Тамара
А наказанье, муки ада?

Демон
Так что ж? Ты будешь там со мной!

Тамара
Кто б ни был ты, мой друг случайный, —
Покой навеки погубя,
Невольно я с отрадой тайной,
Страдалец, слушаю тебя.
Но если речь твоя лукава,
Но если ты, обман тая...
О! пощади! Какая слава?
На что душа тебе моя?
Ужели небу я дороже
Всех, не замеченных тобой?
Они, увы! прекрасны тоже;
Как здесь, их девственное ложе
Не смято смертною рукой...
Нет! дай мне клятву роковую...
Скажи, — ты видишь: я тоскую;

Ты видишь женские мечты!
Невольно страх в душе ласкаешь...
Но ты все понял, ты все знаешь —
И сжалишься, конечно, ты!
Клянися мне... от злых стяжаний
Отречься ныне дай обет.
Ужель ни клятв, ни обещаний
Ненарушимых больше нет?..

Демон
Клянусь я первым днем творенья,
Клянусь его последним днем,
Клянусь позором преступленья
И вечной правды торжеством.
Клянусь паденья горькой мукой,
Победы краткою мечтой;
Клянусь свиданием с тобой
И вновь грозящею разлукой.
Клянуся сонмищем духов,
Судьбою братии мне подвластных,
Мечами ангелов бесстрастных,
Моих недремлющих врагов;
Клянуся небом я и адом,
Земной святыней и тобой,
Клянусь твоим последним взглядом,
Твоею первою слезой,
Незлобных уст твоих дыханьем,
Волною шелковых кудрей,
Клянусь блаженством и страданьем,
Клянусь любовию моей:
Я отрекся от старой мести,
Я отрекся от гордых дум;
Отныне яд коварной лести
Ничей уж не встревожит ум;
Хочу я с небом примириться,
Хочу любить, хочу молиться,
Хочу я веровать добру.
Слезой раскаянья сотру
Я на челе, тебя достойном,
Следы небесного огня —
И мир в неведенье спокойном

Пусть доцветает без меня!
О! верь мне: я один поныне
Тебя постиг и оценил:
Избрав тебя моей святыней,
Я власть у ног твоих сложил.
Твоей любви я жду, как дара,
И вечность дам тебе за миг;
В любви, как в злобе, верь, Тамара,
Я неизменен и велик.
Тебя я, вольный сын эфира,
Возьму в надзвездные края;
И будешь ты царицей мира,
Подруга первая моя;
Без сожаленья, без участья
Смотреть на землю станешь ты,
Где нет ни истинного счастья,
Ни долговечной красоты,
Где преступленья лишь да казни,
Где страсти мелкой только жить;
Где не умеют без боязни
Ни ненавидеть, ни любить.
Иль ты не знаешь, что такое
Людей минутная любовь?
Волненье крови молодое, —
Но дни бегут и стынет кровь!
Кто устоит против разлуки,
Соблазна новой красоты,
Против усталости и скуки
И своенравия мечты?
Нет! не тебе, моей подруге,
Узнай, назначено судьбой
Увянуть молча в тесном круге,
Ревнивой грубости рабой,
Средь малодушных и холодных,
Друзей притворных и врагов,
Боязней и надежд бесплодных,
Пустых и тягостных трудов!
Печально за стеной высокой
Ты не угаснешь без страстей,
Среди молитв, равно далеко
От божества и от людей.

О нет, прекрасное созданье,
К иному ты присуждена;
Тебя иное ждет страданье,
Иных восторгов глубина;
Оставь же прежние желанья
И жалкий свет его судьбе:
Пучину гордого познанья
Взамен открою я тебе.
Толпу духов моих служебных
Я приведу к твоим стопам;
Прислужниц легких и волшебных
Тебе, красавица, я дам;
И для тебя с звезды восточной
Сорву венец я золотой;
Возьму с цветов росы полночной;
Его усыплю той росой;
Лучом румяного заката
Твой стан, как лентой, обовью,
Дыханьем чистым аромата
Окрестный воздух напою;
Всечасно дивною игрою
Твой слух лелеять буду я;
Чертоги пышные построю
Из бирюзы и янтаря;
Я опущусь на дно морское,
Я полечу за облака,
Я дам тебе все, все земное —
Люби меня!...

XI

И он слегка
Коснулся жаркими устами
Ее трепещущим губам;
Соблазна полными речами
Он отвечал ее мольбам.
Могучий взор смотрел ей в очи!
Он жег ее. Во мраке ночи
Над нею прямо он сверкал,
Неотразимый, как кинжал.
Увы! злой дух торжествовал!

Смертельный яд его лобзанья
Мгновенно в грудь ее проник.
Мучительный ужасный крик
Ночное возмутил молчанье.
В нем было все: любовь, страданье,
Упрек с последнею мольбой
И безнадежное прощанье —
Прощанье с жизнью молодой,

XII

В то время сторож полуночный,
Один вокруг стены крутой
Свершая тихо путь урочный,
Бродил с чугунною доской,
И возле кельи девы юной
Он шаг свой мерный укротил
И руку над доской чугунной,
Смутясь душой, остановил.
И сквозь окрестное молчанье,
Ему казалось, слышал он
Двух уст согласное лобзанье,
Минутный крик и слабый стон.
И нечестивое сомненье
Проникло в сердце старика...
Но пронеслось еще мгновенье,
И стихло все; издалека
Лишь дуновенье ветерка
Роптанье листьев приносило,
Да с темным берегом уныло
Шепталась горная река.
Канон угодника святого
Спешит он в страхе прочитать,
Чтоб наважденье духа злого
От грешной мысли отогнать;
Крестит дрожащими перстами
Мечтой взволнованную грудь
И молча скорыми шагами
Обычный продолжает путь.

XIII

Как пери спящая мила,
Она в гробу своем лежала,
Белей и чище покрывала
Был томный цвет ее чела.
Навек опущены ресницы...
Но кто б, о небо! не сказал,
Что взор под ними лишь дремал
И, чудный, только ожидал
Иль поцелуя, иль денницы?
Но бесполезно луч дневной
Скользил по ним струей златой,
Напрасно их в немой печали
Уста родные целовали...
Нет! смерти вечную печать
Ничто не в силах уж сорвать!

XIV

Ни разу не был в дни веселья
Так разноцветен и богат
Тамары праздничный наряд.
Цветы родимого ущелья
(Так древний требует обряд)
Над нею льют свой аромат
И, сжаты мертвою рукою,
Как бы прощаются с землею!
И ничего в ее лице
Не намекало о конце
В пылу страстей и упоенья;
И были все ее черты
Исполнены той красоты,
Как мрамор, чуждой выраженья,
Лишенной чувства и ума,
Таинственной, как смерть сама.
Улыбка странная застыла,
Мелькнувши по ее устам.
О многом грустном говорила
Она внимательным глазам:
В ней было хладное презренье

Души, готовой отцвести,
Последней мысли выраженье,
Земле беззвучное прости.
Напрасный отблеск жизни прежней,
Она была еще мертвей,
Еще для сердца безнадежней
Навек угаснувших очей.
Так в час торжественный заката,
Когда, растаяв в море злата,
Уж скрылась колесница дня,
Снега Кавказа, на мгновенье
Отлив румяный сохраняя,
Сияют в темном отдаленье.
Но этот луч полуживой
В пустыне отблеска не встретит,
И путь ничей он не осветит
С своей вершины ледяной!

XV

Толпой соседи и родные
Уж собрались в печальный путь.
Терзая локоны седые,
Безмолвно поражая грудь,
В последний раз Гудал садится
На белогривого коня.
И поезд тронулся. Три дня,
Три ночи путь их будет длиться:
Меж старых дедовских костей
Приют покойный вырыт ей.
Один из праотцев Гудала,
Грабитель странников и сел,
Когда болезнь его сковала
И час раскаянья пришел,
Грехов минувших в искупленье
Построить церковь обещал
На вышине гранитных скал,
Где только вьюги слышно пенье,
Куда лишь коршун залетал.
И скоро меж снегов Казбека
Поднялся одинокий храм,

И кости злого человека
Вновь упокоилися там;
И превратилася в кладбище
Скала, родная облакам:
Как будто ближе к небесам
Теплей посмертное жилище?..
Как будто дальше от людей
Последний сон не возмутится...
Напрасно! мертвым не приснится
Ни грусть, ни радость прошлых дней.

XVI

В пространстве синего эфира
Один из ангелов святых
Летел на крыльях золотых,
И душу грешную от мира
Он нес в объятиях своих.
И сладкой речью упованья
Ее сомненья разгонял,
И след проступка и страданья
С нее слезами он смывал.
Издалека уж звуки рая
К ним доносилися — как вдруг,
Свободный путь пересекая,
Взвился из бездны адский дух.
Он был могущ, как вихорь шумный,
Блистал, как молнии струя,
И гордо в дерзости безумной
Он говорит: «Она моя!»
К груди хранительной прижалась,
Молитвой ужас заглуша,
Тамары грешная душа,
Судьба грядущего решалась,
Пред нею снова он стоял,
Но, боже! — кто б его узнал?
Каким смотрел он злобным взглядом,
Как полон был смертельным ядом
Вражды, не знающей конца, —
И веяло могильным хладом
От неподвижного лица.

«Исчезни, мрачный дух сомненья! —
Посланник неба отвечал: —
Довольно ты торжествовал;
Но час суда теперь настал —
И благо божие решенье!
Дни испытания прошли;
С одеждой бренною земли
Оковы зла с нее ниспали.
Узнай! давно ее мы ждали!
Ее душа была из тех,
Которых жизнь — одно мгновенье
Невыносимого мученья,
Недосягаемых утех:
Творец из лучшего эфира
Соткал живые струны их,
Они не созданы для мира,
И мир был создан не для них!
Ценой жестокой искупила
Она сомнения свои...
Она страдала и любила —
И рай открылся для любви!»
И Ангел строгими очами
На искусителя взглянул
И, радостно взмахнув крылами,
В сиянье неба потонул.
И проклял Демон побежденный
Мечты безумные свои,
И вновь остался он, надменный,
Один, как прежде, во вселенной
Без упованья и любви!..
На склоне каменной горы
Над Койшаурскою долиной
Еще стоят до сей поры
Зубцы развалины старинной.
Рассказов, страшных для детей,
О них еще преданья полны...
Как призрак, памятник безмолвный,
Свидетель тех волшебных дней,
Между деревьями чернеет.
Внизу рассыпался аул,
Земля цветет и зеленеет;

И голосов нестройный гул
Теряется, и караваны
Идут, звеня, издалека,
И, низвергаясь сквозь туманы,
Блестит и пенится река.
И жизнью, вечно молодою,
Прохладой, солнцем и весною
Природа тешится шутя,
Как беззаботное дитя.
Но грустен замок, отслуживший
Когда-то в очередь свою,
Как бедный старец, переживший
Друзей и милую семью.
И только ждут луны восхода
Его незримые жильцы:
Тогда им праздник и свобода!
Жужжат, бегут во все концы.
Седой паук, отшельник новый,
Прядет сетей своих основы;
Зеленых ящериц семья
На кровле весело играет;
И осторожная змея
Из темной щели выползает
На плиту старого крыльца,
То вдруг совьется в три кольца,
То ляжет длинной полосою,
И блещет, как булатный меч,
Забытый в поле давних сеч,
Ненужный падшему герою!..
Все дико; нет нигде следов
Минувших лет: рука веков
Прилежно, долго их сметала,
И не напомнит ничего
О славном имени Гудала,
О милой дочери его!
Но церковь на крутой вершине,
Где взяты кости их землей,
Хранима властию святой,
Видна меж туч еще поныне.
И у ворот ее стоят
На страже черные граниты,

Плащами снежными покрыты;
И на груди их вместо лат
Льды вековечные горят.
Обвалов сонные громады
С уступов, будто водопады,
Морозом схваченные вдруг,
Висят, нахмурившись, вокруг.
И там метель дозором ходит,
Сдувая пыль со стен седых,
То песню долгую заводит,
То окликает часовых;
Услыша вести в отдаленье
О чудном храме, в той стране,
С востока облака одне
Спешат толпой на поклоненье;
Но над семьей могильных плит
Давно никто уж не грустит.
Скала угрюмого Казбека
Добычу жадно сторожит,
И вечный ропот человека
Их вечный мир не возмутит.

ИЗМАИЛ-БЕЙ

(Восточная повесть)

Опять явилось вдохновенье
Душе безжизненной моей
И превращает в песнопенье
Тоску, развалину страстей.
Так, посреди чужих степей,
Подруг внимательных не зная,
Прекрасный путник, птичка рая
Сидит на дереве сухом,
Блестя лазоревым крылом;

Пускай ревет, бушует вьюга...
Она поет лишь об одном,
Она поет о солнце юга!..

ЧАСТЬ ПЕРВАЯ

So moved on earth Circassia?s daughter
The loveliest bird of Franguestan!
Byron. The Giaour.

Так двигалась по земле дочь Черкесии
Прелестнейшая птица Франгистана.
Байрон. Гяур. (англ.)

1

Приветствую тебя, Кавказ седой!
Твоим горам я путник не чужой:
Они меня в младенчестве носили
И к небесам пустыни приучили.
И долго мне мечталось с этих пор
Всё небо юга да утесы гор.
Прекрасен ты, суровый край свободы,
И вы, престолы вечные природы,
Когда, как дым синея, облака
Под вечер к вам летят издалека,
Над вами вьются, шепчутся как тени,
Как над главой огромных привидений
Колеблемые перья, - и луна
По синим сводам странствует одна.

2

Как я любил, Кавказ мой величавый,
Твоих сынов воинственные нравы,
Твоих небес прозрачную лазурь
И чудный вой мгновенных, громких бурь,
Когда пещеры и холмы крутые

Как стражи окликаются ночные;
И вдруг проглянет солнце, и поток
Озолотится, и степной цветок,
Душистую головку поднимая,
Блистает как цветы небес и рая...
В вечерний час дождливых облаков
Я наблюдал разодранный покров;
Лиловые, с багряными краями,
Одни еще грозят, и над скалами
Волшебный замок, чудо древних дней,
Растет в минуту; но еще скорей
Его рассеет ветра дуновенье!
Так прерывает резкий звук цепей
Преступного страдальца сновиденье,
Когда он зрит холмы своих полей...
Меж тем белей, чем горы снеговые,
Идут на запад облака другие
И, проводивши день, теснятся в ряд,
Друг через друга светлые глядят
Так весело, так пышно и беспечно,
Как будто жить и нравиться им вечно!..

3

И дики тех ущелий племена,
Им бог - свобода, их закон - война,
Они растут среди разбоев тайных,
Жестоких дел и дел необычайных;
Там в колыбели песни матерей
Пугают русским именем детей;
Там поразить врага не преступленье;
Верна там дружба, но вернее мщенье;
Там за добро - добро, и кровь - за кровь,
И ненависть безмерна, как любовь.

4

Темны преданья их. Старик-чеченец,
Хребтов Казбека бедный уроженец,
Когда меня чрез горы провожал,
Про старину мне повесть рассказал.

Хвалил людей минувшего он века,
Водил меня под камень Росламбека,
Повисший над извилистым путем,
Как будто бы удержанный аллою
На воздухе в падении своем,
Он весь оброс зеленою травою;
И не боясь, что камень упадет,
В его тени, храним от непогод,
Пленительней, чем голубые очи
У нежных дев ледяной полуночи,
Склоняясь в жар на длинный стебелек,
Растет воспоминания цветок!..
И под столетней, мшистою скалою
Сидел чечен однажды предо мною:
Как серая скала, седой старик,
Задумавшись, главой своей поник...
Быть может, он о родине молился!
И, странник чуждый, я прервать страшился
Его молчанье и молчанье скал:
Я их в тот час почти не различал!

5

Его рассказ, то буйный, то печальный,
Я вздумал перенесть на север дальный:
Пусть будет странен в нашем он краю,
Как слышал, так его передаю!
Я не хочу, незнаемый толпою,
Чтобы как тайна он погиб со мною;
Пускай ему не внемлют, до конца
Я доскажу! Кто с гордою душою
Родился, тот не требует венца;
Любовь и песни - вот вся жизнь певца;
Без них она пуста, бедна, уныла,
Как небеса без туч и без светила!...

6

Давным-давно, у чистых вод,
Где по кремням Подкумок мчится,

Где за Машуком день встает[7],
А за крутым Бешту садится[8],
Близ рубежа чужой земли
Аулы мирные цвели,
Гордились дружбою взаимной;
Там каждый путник находил
Ночлег и пир гостеприимный;
Черкес счастлив и волен был.
Красою чудной за горами
Известны были девы их,
И старцы с белыми власами
Судили распри молодых,
Весельем песни их дышали!
Они тогда еще не знали
Ни золота, ни русской стали!

7

Не всё судьба голубит нас,
Всему свой день, всему свой час.
Однажды, - солнце закатилось,
Туман белел уж под горой,
Но в эту ночь аулы, мнилось,
Не знали тишины ночной.
Стада теснились и шумели,
Арбы тяжелые скрыпели,
Трепеща, жены близ мужей
Держали плачущих детей,
Отцы их, бурками одеты,
Садились молча на коней
И заряжали пистолеты,
И на костре высоком жгли,
Что взять с собою не могли!
Когда же день новорожденный
Заветный озарил курган,
И мокрый утренний туман
Рассеял ветер пробужденный,
Он обнажил подошвы гор,

---

[7] Две главные горы. (Примечание Лермонтова).

[8] Две горы, находящиеся рядом с Бешту. (Примечание Лермонтова).

Пустой аул, пустое поле,
Едва дымящийся костер
И свежий след колес - не боле.

8

Но что могло заставить их
Покинуть прах отцов своих
И добровольное изгнанье
Искать среди пустынь чужих?
Гнев Магомета? Прорицанье?
О нет! Примчалась как-то весть,
Что к ним подходит враг опасный,
Неумолимый и ужасный,
Что всё громам его подвластно,
Что сил его нельзя и счесть.
Черкес удалый в битве правой
Умеет умереть со славой,
И у жены его младой
Спаситель есть - кинжал двойной;
И страх насильства и могилы
Не мог бы из родных степей
Их удалить: позор цепей
Несли к ним вражеские силы!
Мила черкесу тишина,
Мила родная сторона,
Но вольность, вольность для героя
Милей отчизны и покоя.
"В насмешку русским и в укор
Оставим мы утесы гор;
Пусть на тебя, Бешту суровый,
Попробуют надеть оковы",
Так думал каждый; и Бешту
Теперь их мысли понимает,
На русских злобно он взирает,
Иль облаками одевает
Вершин кудрявых красоту.

9

Меж тем летят за годом годы,
Готовят мщение народы,

И пятый год уж настает,
А кровь джяуров не течет.
В необитаемой пустыне
Черкес бродящий отдохнул,
Построен новый был аул
(Его следов не видно ныне).
Старик и воин молодой
Кипят отвагой и враждой.
Уж Росламбек с брегов Кубани
Князей союзных поджидал;
Лезгинец, слыша голос брани,
Готовит стрелы и кинжал;
Скопилась месть их роковая
В тиши над дремлющим врагом:
Так летом глыба снеговая,
Цветами радуги блистая,
Висит, прохладу обещая,
Над беззаботным табуном...

10

В тот самый год, осенним днем,
Между Железной и Змеиной[9],
Где чуть приметный путь лежал,
Цветущей, узкою долиной
Тихонько всадник проезжал.
Кругом, налево и направо,
Как бы остатки пирамид,
Подъемлясь к небу величаво,
Гора из-за горы глядит;
И дале царь их пятиглавый,
Туманный, сизо-голубой,
Пугает чудной вышиной.

11

Еще небесное светило
Росистый луг не обсушило.
Со скал гранитных над путем

---

[9] Наездники. (Примечание Лермонтова.

Склонился дикий виноградник,
Его серебряным дождем
Осыпан часто конь и всадник.
Но вот остановился он.
Как новой мыслью поражен,
Смущенный взгляд кругом обводит,
Чего-то, мнится, не находит;
То пустит он коня стремглав,
То остановит и, привстав
На стремена, дрожит, пылает.
Всё пусто! Он с коня слезает,
К земле сырой главу склоняет
И слышит только шелест трав.
Всё одичало, онемело.
Тоскою грудь его полна...
Скажу ль? - За кровлю сакли белой
За близкий топот табуна
Тогда он мир бы отдал целый!..

12

Кто ж этот путник? русский? нет.
На нем чекмень, простой бешмет,
Чело под шапкою косматой;
Ножны кинжала, пистолет
Блестят насечкой небогатой;
И перетянут он ремнем,
И шашка чуть звенит на нем;
Ружье, мотаясь за плечами,
Белеет в шерстяном чехле;
И как же горца на седле
Не различить мне с казаками?
Я не ошибся - он черкес!
Но смуглый цвет почти исчез
С его ланит; снега и вьюга
И холод северных небес,
Конечно, смыли краску юга,
Но видно всё, что он черкес!
Густые брови, взгляд орлиный,
Ресницы длинны и черны,
Движенья быстры и вольны;

Отвергнул он обряд чужбины,
Не сбрил бородки и усов,
И блещет белый ряд зубов,
Как брызги пены у брегов;
Он, сколько мог, привычек, правил
Своей отчизны не оставил...
Но горе, горе, если он,
Храня людей суровых мненья,
Развратом, ядом просвещенья
В Европе душной заражен!
Старик для чувств и наслажденья,
Без седины между волос,
Зачем в страну, где всё так живо,
Так неспокойно, так игриво,
Он сердце мертвое принес?..

13

Как наши юноши, он молод,
И хладен блеск его очей.
Поверхность темную морей
Так покрывает ранний холод
Корой ледяною своей
До первой бури. - Чувства, страсти,
В очах навеки догорев,
Таятся, как в пещере лев,
Глубоко в сердце; но их власти
Оно никак не избежит.
Пусть будет это сердце камень -
Их пробужденный адский пламень
И камень углем раскалит!

14

И всё прошедшее явилось
Как тень умершего ему;
Всё с этих пор переменилось,
Бог весть, и как и почему!
Он в поле выехал пустое,
Вдруг слышит выстрел - что такое?
Как будто на-смех, звук один,

Жилец ущелий и стремнин,
Трикраты отзыв повторяет.
Кинжал свой путник вынимает,
И вот, с винтовкой без штыка
В кустах он видит казака;
Пред ним фазан окровавленный,
Росою с листьев окропленный,
Блистая радужным хвостом,
Лежал в траве пробит свинцом.
И ближе путник подъезжает
И чистым русским языком:
"Казак, скажи мне, - вопрошает, -
Давно ли пусто здесь кругом?"
- "С тех пор, как русских устрашился
Неустрашимый твой народ!
В чужих горах от нас он скрылся.
Тому сегодня пятый год".

15

Казак умолк, но что с тобою,
Черкес? зачем твоя рука
Подъята с шашкой роковою?
Прости улыбку казака!
Увы! свершилось наказанье...
В крови, без чувства, без дыханья,
Лежит насмешливый казак.
Черкес глядит на лик холодный,
В нем пробудился дух природный -
Он пощадить не мог никак,
Он удержать не мог удара.
Как в тучах зарево пожара,
Как лавы Этны по полям,
Больной румянец по щекам
Его разлился; и блистали
Как лезвеё кровавой стали
Глаза его - и в этот миг
Душа и ад - всё было в них.
Оборотясь, с улыбкой злобной
Черкес на север кинул взгляд;
Ничто, ничто смертельный яд

Перед улыбкою подобной!
Волною поднялася грудь,
Хотел он и не мог вздохнуть,
Холодный пот с чела крутого
Катился, - но из уст ни слова!

16

И вдруг очнулся он, вздрогнул,
К луке припал, коня толкнул.
Одно мгновенье на кургане
Он черной птицею мелькнул,
И скоро скрылся весь в тумане.
Чрез камни конь его несет,
Он не глядит и не боится;
Так быстро скачет только тот,
За кем раскаяние мчится!..

17

Куда черкес направил путь?
Где отдохнет младая грудь,
И усмирится дум волненье?
Черкес не хочет отдохнуть -
Ужели отдыхает мщенье?
Аул, где детство он провел,
Мечети, кровы мирных сел -
Всё уничтожил русский воин.
Нет, нет, не будет он спокоен,
Пока из белых их костей
Векам грядущим в поученье
Он не воздвигнет мавзолей
И так отмстит за униженье
Любезной родины своей.
"Я знаю вас, - он шепчет, - знаю,
И вы узнаете меня;
Давно уж вас я презираю;
Но вашу кровь пролить желаю
Я только с нынешнего дня!"
Он бьет и дергает коня,
И конь летит как ветер степи;

Надулись ноздри, блещет взор,
И уж в виду зубчаты цепи
Кремнистых бесконечных гор,
И Шат подъемлется за ними
С двумя главами снеговыми,
И путник мнит: "Недалеко,
В час прискачу я к ним легко!"

18

Пред ним, с оттенкой голубою,
Полувоздушною стеною
Нагие тянутся хребты;
Неверны, странны как мечты,
То разойдутся - то сольются...
Уж час прошел, и двух уж нет!
Они над путником смеются,
Они едва меняют цвет!
Бледнеет путник от досады,
Конь непривычный устает;
Уж солнце к западу идет,
И больше в воздухе прохлады,
А всё пустынные громады,
Хотя и выше и темней,
Еще загадка для очей.

19

Но вот его, подобно туче,
Встречает крайняя гора;
Пестрей восточного ковра
Холмы кругом, всё выше, круче;
Покрытый пеной до ушей,
Здесь начал конь дышать вольней
И детских лет воспоминанья
Перед черкесом пронеслись,
В груди проснулися желанья,
Во взорах слезы родились.
Погасла ненависть на время,
И дум неотразимых бремя
От сердца, мнилось, отлегло;

Он поднял светлое чело,
Смотрел и внутренне гордился,
Что он черкес, что здесь родился!
Меж скал незыблемых один,
Забыл он жизни скоротечность,
Он, в мыслях мира властелин,
Присвоить бы желал их вечность
Забыл он всё, что испытал,
Друзей, врагов, тоску изгнанья
И, как невесту в час свиданья,
Душой природу обнимал!..

20

Краснеют сизые вершины,
Лучом зари освещены;
Давно расселины темны;
Катясь чрез узкие долины,
Туманы сонные легли,
И только топот лошадиный
Звуча, теряется вдали.
Погас, бледнея день осенний;
Свернув душистые листы,
Вкушают сон без сновидений
Полузавядшие цветы;
И в час урочный молчаливо
Из-под камней ползет змея,
Играет, нежится лениво,
И серебрится чешуя
Над перегибистой спиною:
Так сталь кольчуги иль копья
(Когда забыты после бою
Они на поле роковом),
В кустах найденная луною,
Блистает в сумраке ночном.

21

Уж поздно, путник одинокой
Оделся буркою широкой.
За дубом низким и густым

Дорога скрылась, ветер дует;
Конь спотыкается под ним,
Храпит, как будто гибель чует,
И встал!.. - Дивится, слез седок
И видит пропасть пред собою,
А там, на дне ее, поток
Во мраке бешеной волною
Шумит. - (Слыхал я этот шум,
В пустыне ветром разнесенный,
И много пробуждал он дум
В груди, тоской опустошенной.)
В недоуменьи над скалой
Остался странник утомленный;
Вдруг видит он, в дали пустой
Трепещет огонек, и снова
Садится на коня лихого;
И через силу скачет конь
Туда, где светится огонь.

22

Не дух коварства и обмана
Манил трепещущим огнем,
Не очи злобного шайтана
Светилися в ущельи том:
Две сакли белые, простые,
Таятся мирно за холмом,
Чернеют крыши земляные,
С краев ряды травы густой
Висят зеленой бахромой,
А ветер осени сырой
Поет им песни неземные;
Широкий окружает двор
Из кольев и ветвей забор,
Уже нагнутый, обветшалый;
Всё в мертвый сон погружено -
Одно лишь светится окно!..
Заржал черкеса конь усталый,
Ударил о землю ногой,
И отвечал ему другой...
Из сакли кто-то выбегает,

Идет - великий Магомет
К нам гостя, верно, посылает. -
Кто здесь? - Я странник! - был ответ.
И больше спрашивать не хочет,
Обычай прадедов храня,
Хозяин скромный. Вкруг коня
Он сам заботится, хлопочет,
Он сам снимает весь прибор
И сам ведет его на двор.

23

Меж тем приветно в сакле дымной
Приезжий встречен стариком;
Сажая гостя пред огнем,
Он руку жмет гостеприимно.
Блистает по стенам кругом
Богатство горца: ружья, стрелы,
Кинжалы с набожным стихом,
В углу башлык убийцы белый
И плеть меж буркой и седлом.
Они заводят речь - о воле,
О прежних днях, о бранном поле;
Кипит, кипит беседа их,
И носятся в мечтах живых
Они к грядущему, к былому;
Проходит неприметно час -
Они сидят! и в первый раз,
Внимая странника рассказ,
Старик дивится молодому.

24

Он сам лезгинец; уж давно
(Так было небом суждено)
Не зрел отечества. Три сына
И дочь младая с ним живут.
При них молчит еще кручина,
И бедный мил ему приют.
Когда горят ночные звезды,
Тогда пускаются в разъезды

Его лихие сыновья:
Живет добычей вся семья!
Они повсюду страх приносят:
Украсть, отнять - им всё равно;
Чихирь и мед кинжалом просят
И пулей платят за пшено,
Из табуна ли, из станицы
Любого уведут коня;
Они боятся только дня,
И их владеньям нет границы!
Сегодня дома лишь один
Его любимый старший сын.
Но слов хозяина не слышит
Пришелец! он почти не дышит,
Остановился быстрый взор,
Как в миг паденья метеор:
Пред ним, под видом девы гор,
Создание земли и рая,
Стояла пери молодая!

25

И кто б, ее увидев, молвил: нет!
Кто прелести небес иль даже след
Небесного, рассеянный лучами
В улыбке уст, в движеньи черных глаз,
Всё, что так дружно с первыми мечтами,
Всё, что встречаем в жизни только раз,
Не отличит от красоты ничтожной,
От красоты земной, нередко ложной?
И кто, кто скажет, совесть заглуша:
Прелестный лик, но хладная душа!
Когда он вдруг увидит пред собою
То, что сперва почел бы он душою,
Освобожденной от земных цепей,
Слетевшей в мир, чтоб утешать людей!
Пусть, подойдя, лезгинку он узнает:
В ее чертах земная жизнь играет,
Восточная видна в ланитах кровь;
Но только удалится образ милый -
Он станет сомневаться в том, что было,
И заблужденью он поверит вновь!

26

Нежна - как пери молодая,
Создание земли и рая,
Мила - как нам в краю чужом
Меж звуков языка чужого
Знакомый звук, родных два слова!
Так утешительно-мила,
Как древле узнику была
На сумрачном окне темницы
Простая песня вольной птицы,
Стояла Зара у огня!
Чело немножко наклоня,
Она стояла гордо, ловко;
В ее наряде простота -
Но также вкус! Ее головка
Платком прилежно обвита;
Из-под него до груди нежной
Две косы темные небрежно
Бегут; - уж, верно, час она
Их расплетала, заплетала!
Она понравиться желала:
Как в этом женщина видна!

27

Рукой дрожащей, торопливой
Она поставила стыдливо
Смиренный ужин пред отцом,
И улыбнулась; и потом
Уйти хотела; и не знала
Идти ли? - Грудь ее порой
Покров приметно поднимала;
Она послушать бы желала,
Что скажет путник молодой.
Но он молчит, блуждают взоры:
Их привлекает лезвеё
Кинжала, ратные уборы;
Но взгляд последний на нее
Был устремлен! - смутилась дева,
Но, не боясь отцова гнева,

Она осталась, - и опять
Решилась путнику внимать...
И что-то ум его тревожит;
Своих неконченных речей
Он оторвать от уст не может,
Смеется - но больших очей
Давно не обращает к ней;
Смеется, шутит он, - но хладный,
Печальный смех нейдет к нему.
Замолкнет он? - ей вновь досадно,
Сама не знает почему.
Черкес ловил сначала жадно
Движенье глаз ее живых;
И, наконец, остановились
Глаза, которые резвились,
Ответа ждут, к нему склонились,
А он забыл, забыл о них!
Довольно! этого удара
Вторично дева не снесет:
Ему мешает, видно, Зара?
Она уйдет! Она уйдет!..

28

Кто много странствовал по свету,
Кто наблюдать его привык,
Кто затвердил страстей примету,
Кому известен их язык,
Кто рано брошен был судьбою
Меж образованных людей
И, как они, с своей рукою
Не отдавал души своей,
Тот пылкой женщины пристрастье
Не почитает уж за счастье,
Тот с сердцем диким и простым
И с чувством некогда святым
Шутить боится. Он улыбкой
Слезу старается встречать,
Улыбке хладно отвечать;
Коль обласкает, - так ошибкой!
Притворством вечным утомлен,

Уж и себе не верит он;
Душе высокой не довольно
Остатков юности своей.
Вообразить еще ей больно,
Что для огня нет пищи в ней.
Такие люди в жизни светской
Почти всегда причина зла,
Какой-то робостию детской
Их отзываются дела:
И обольстить они не смеют,
И вовсе кинуть не умеют!
И часто думают они,
Что их излечит край далекий,
Пустыня, вид горы высокой
Иль тень долины одинокой,
Где юности промчались дни;
Но ожиданье их напрасно:
Душе всё внешнее подвластно!

29

Уж милой Зары в сакле нет.
Черкес глядит ей долго вслед,
И мыслит: "Нежное созданье!
Едва из детских вышла лет,
А есть уж слезы и желанья!
Бессильный, светлый луч зари
На темной туче не гори:
На ней твой блеск лишь помрачится,
Ей ждать нельзя, она умчится!

30

"Еще не знаешь ты, кто я.
Утешься! нет, не мирной доле,
Но битвам, родине и воле
Обречена судьба моя.
Я б мог нежнейшею любовью
Тебя любить; но над тобой
Хранитель, верно, неземной:
Рука, обрызганная кровью,

Должна твою ли руку жать?
Тебя ли греть моим объятьям?
Тебя ли станут целовать
Уста, привыкшие к проклятьям?"

31

Пора! - Яснеет уж восток,
Черкес проснулся, в путь готовый.
На пепелище огонек
Еще синел. Старик суровый
Его раздул, пшено сварил,
Сказал, где лучшая дорога,
И сам до ветхого порога
Радушно гостя проводил.
И странник медленно выходит,
Печалью тайной угнетен;
О юной деве мыслит он...
И кто ж коня ему подводит?

32

Уныло Зара перед ним
Коня походного держала
И тихим голосом своим,
Подняв глаза к нему, сказала:
"Твой конь готов! моей рукой
Надета бранная уздечка,
И серебристой чешуей
Блестит кубанская насечка,
И бурку черную ремнем
Я привязала за седлом;
Мне это дело ведь не ново;
Любезный странник, всё готово!
Твой конь прекрасен; не страшна
Ему утесов крутизна,
Хоть вырос он в краю далеком;
В нем дикость гордая видна,
И лоснится его спина,
Как камень, сглаженный потоком;

Как уголь взор его блестит,
Лишь наклонись - он полетит;
Его я гладила, ласкала,
Чтобы тебя он, путник, спас
От вражей шашки и кинжала
В степи глухой, в недобрый час!

33

"Но погоди в стальное стремя
Ступать поспешною ногой;
Послушай, странник молодой,
Как знать? быть может, будет время,
И ты на милой стороне
Случайно вспомнишь обо мне;
И если чаша пированья
Кипит, блестит в руке твоей,
То не ласкай воспоминанья,
Гони от сердца поскорей;
Но если эта мысль родится,
Но если образ мой приснится
Тебе в страдальческую ночь:
Услышь, услышь мое моленье!
Не презирай то сновиденье,
Не отгоняй те мысли прочь!

34

"Приют наш мал, зато спокоен;
Его не тронет русский воин, -
И что им взять? - пять-шесть коней
Да наши грубые одежды?
Поверь ты скромности моей,
Откройся мне: куда надежды
Тебя коварные влекут?
Чего искать? - останься тут,
Останься с нами, добрый странник!
Я вижу ясно - ты изгнанник,
Ты от земли своей отвык,
Ты позабыл ее язык.

Зачем спешишь к родному краю,
И что там ждет тебя? - не знаю.
Пусть мой отец твердит порой,
Что без малейшей укоризны
Должны мы жертвовать собой
Для непризнательной отчизны:
По мне отчизна только там,
Где любят нас, где верят нам!

35

“Еще туман белеет в поле,
Опасен ранний хлад вершин...
Хоть день один, хоть час один,
Послушай, час один, не боле,
Пробудь, жестокий, близ меня!
Я покормлю еще коня,
Моя рука его отвяжет,
Он отдохнет, напьется, ляжет,
А ты у сакли здесь, в тени,
Главу мне на руку склони;
Твоих речей услышать звуки
Еще желала б я хоть раз:
Не удержу ведь счастья час,
Не прогоню ведь час разлуки?..”
И Зара с трепетом в ответ
Ждала напрасно два-три слова;
Скрывать печали силы нет,
Слеза с ресниц упасть готова,
Увы! молчание храня,
Садится путник на коня.
Уж ехать он приготовлялся,
Но обернулся, - испугался,
И, состраданьем увлечен,
Хотел ее утешить он:

36

“Не обвиняй меня так строго!
Скажи, чего ты хочешь? - слез?
Я их имел когда-то много:

Их мир из зависти унес!
Но не решусь судьбы мятежной
Я разделять с душою нежной;
Свободный, раб иль властелин,
Пускай погибну я один.
Всё, что меня хоть малость любит,
За мною вслед увлечено;
Мое дыханье радость губит,
Щадить - мне власти не дано!
И не простого человека
(Хотя в одежде я простой),
Утешься! Зара! пред собой
Ты видишь брата Росламбека!
Я в жертву счастье должен принести...
О! не жалей о том! - прости, прости!.."

37

Сказал, махнул рукой, и звук подков
Раздался, в отдаленьи умирая.
Едва дыша, без слез, без дум, без слов
Она стоит, бесчувственно внимая,
Как будто этот дальний звук подков
Всю будущность ее унес с собою.
О, Зара, Зара! Краткою мечтою
Ты дорожила; - где ж твоя мечта?
Как очи полны, как душа пуста!
Одно мгновенье тяжелей другого,
Всё, что прошло, ты оживляешь снова!..
По целым дням она глядит туда,
Где скрылася любви ее звезда,
Везде, везде она его находит:
В вечерних тучах милый образ бродит;
Услышав ночью топот, с ложа сна
Вскочив, дрожит, и ждет его она,
И постепенно ветром разносимый
Всё ближе, ближе топот - и всё мимо!
Так метеор порой летит на нас,
И ждешь - и близок он - и вдруг погас!..

ЧАСТЬ ВТОРАЯ

High minds, of native pride and force,
Most deeply feel thy pangs, Remorse!
Fear, tor their scourge, mean villains lave
Thou art the torturer of the brave!
Marmion. S. Walter-Scott.

Высокие души, по природной гордости и силе
Глубже всех чувствуют твои угрызения, Совесть!
Страх, как бич, повелевает низкой чернью,
Ты же - истязатель смелого!
Мармион. С. Вальтер-Скотт. (англ.)

1

Шумит Аргуна мутною волной;
Она коры не знает ледяной,
Цепей зимы и хлада не боится;
Серебряной покрыта пеленой,
Она сама между снегов родится,
И там, где даже серна не промчится,
Дитя природы, с детской простотой,
Она, резвясь, играет и катится!
Порою, как согнутое стекло,
Меж длинных трав прозрачно и светло
По гладким камням в бездну ниспадая,
Теряется во мраке, и над ней
С прощальным воркованьем вьется стая
Пугливых, сизых, вольных голубей...
Зеленым можжевельником покрыты
Над мрачной бездной гробовые плиты
Висят и ждут, когда замолкнет вой,
Чтобы упасть и всё покрыть собой.
Напрасно ждут они! волна не дремлет.
Пусть темнота кругом ее объемлет,
Прорвет Аргуна землю где-нибудь
И снова полетит в далекий путь!

2

На берегу ее кипучих вод
Недавно новый изгнанный народ
Аул построил свой, - и ждал мгновенье,
Когда свершить придуманное мщенье;
Черкес готовил дерзостный набег,
Союзники сбирались потаенно,
И умный князь, лукавый Росламбек,
Склонялся перед русскими смиренно,
А между тем с отважною толпой
Станицы разорял во тьме ночной;
И, возвратясь в аул, на пир кровавый
Он пленников дрожащих приводил,
И уверял их в дружбе, и шутил,
И головы рубил им для забавы.

3

Легко народом править, если он
Одною общей страстью увлечен;
Не должно только слишком завлекаться,
Пред ним гордиться или с ним равняться
Не должно мыслей открывать своих,
Иль спрашивать у подданных совета,
И забывать, что лучше гор златых
Иному ласка и слова привета!
Старайся первым быть везде, всегда;
Не забывайся, будь в пирах умерен,
Не трогай суеверий никогда
И сам с толпой умей быть суеверен;
Страшись сначала много успевать,
Страшись народ к победам приучать,
Чтоб в слабости своей он признавался,
Чтоб каждый миг в спасителе нуждался,
Чтоб он тебя не сравнивал ни с кем
И почитал нуждою - принужденья;
Умей отважно пользоваться всем,
И не проси никак вознагражденья!
Народ ребенок: он не хочет дать,
Не покушайся вырвать, - но украдь!

4

У Росламбека брат когда-то был:
О нем жалеют шайки удалые;
Отцом в Россию послан Измаил,
И их надежду отняла Россия.
Четырнадцати лет оставил он
Края, где был воспитан и рожден,
Чтоб знать законы и права чужие!
Не под персидским шелковым ковром
Родился Измаил; не песнью нежной
Он усыплен был в сумраке ночном:
Его баюкал бури вой мятежный!
Когда он в первый раз открыл глаза,
Его улыбку встретила гроза!
В пещере темной, где, гонимый братом,
Убийцею коварным, Бей-Булатом,
Его отец таился много лет,
Изгнанник новый, он увидел свет!

5

Как лишний меж людьми, своим рожден
Он душу не обрадовал ничью,
И, хоть невинный, начал жизнь свою,
Как многие кончают, преступленьем.
Он материнской ласки не знавал:
Не у груди, под буркою согретый,
Один провел младенческие леты:
И ветер колыбель его качал,
И месяц полуночи с ним играл!
Он вырос меж землей и небесами,
Не зная принужденья и забот;
Привык он тучи видеть под ногами,
А над собой один лазурный свод;
И лишь орлы да скалы величавы
С ним разделяли юные забавы.
Он для великих создан был страстей,
Он обладал пылающей душою,
И бури юга отразились в ней
Со всей своей ужасной красотою!..

Но к русским послан он своим отцом,
И с той поры известья нет об нем...

6

Горой от солнца заслоненный,
Приют изгнанников смиренный,
Между кизиловых дерев
Аул рассыпан над рекою;
Стоит отдельно каждый кров,
В тени под дымной пеленою.
Здесь в летний день, в полдневный жар,
Когда с камней восходит пар,
Толпа детей в траве играет,
Черкес усталый отдыхает;
Меж тем сидит его жена
С работой в сакле одиноко,
И песню грустную она
Поет о родине далекой:
И облака родных небес
В мечтаньях видит уж черкес!
Там луг душистей, день светлее!
Роса перловая свежее;
Там разноцветною дугой,
Развеселясь, нередко дивы
На тучах строят мост красивый,
Чтоб от одной скалы к другой
Пройти воздушною тропой;
Там в первый раз, еще несмелый,
На лук накладывал он стрелы...

7

Дни мчатся. Начался байран.
Везде веселье, ликованья;
Мулла оставил алкоран,
И не слыхать его призванья;
Мечеть кругом освещена;
Всю ночь над хладными скалами
Огни краснеют за огнями,
Как над земными облаками

Земные звезды; - но луна,
Когда на землю взор наводит,
Себе соперниц не находит,
И, одинокая, она
По небесам в сияньи бродит!

8

Уж скачка кончена давно;
Стрельба затихнула: - темно.
Вокруг огня, певцу внимая,
Столпилась юность удалая,
И старики седые в ряд
С немым вниманием стоят.
На сером камне, безоружен,
Сидит неведомый пришлец.
Наряд войны ему не нужен;
Он горд и беден: - он певец!
Дитя степей, любимец неба,
Без злата он, но не без хлеба.
Вот начинает: три струны
Уж забренчали под рукою,
И, живо, с дикой простотою
Запел он песню старины.

9

Черкесская песня
Много дев у нас в горах;
Ночь и звезды в их очах;
С ними жить завидна доля,
Но еще милее воля!
Не женися, молодец,
Слушайся меня:
На те деньги, молодец,
Ты купи коня!

***

Кто жениться захотел,
Тот худой избрал удел,

С русским в бой он не поскачет:
Отчего? - жена заплачет!
Не женися, молодец,
Слушайся меня:
На те деньги, молодец,
Ты купи коня!

***

Не изменит добрый конь:
С ним - и в воду и в огонь;
Он, как вихрь, в степи широкой,
С ним - всё близко, что далеко.
Не женися, молодец,
Слушайся меня:
На те деньги, молодец,
Ты купи коня!

10

Откуда шум? Кто эти двое?
Толпа в молчаньи раздалась.
Нахмуря бровь, подходит князь.
И рядом с ним лицо чужое.
Три узденя за ними вслед.
"Велик Алла и Магомет! -
Воскликнул князь. - Сама могила
Покорна им! в стране чужой
Мой брат храним был их рукой:
Вы узнаете ль Измаила?
Между врагами он возрос,
Но не признал он их святыни,
И в наши синие пустыни
Одну лишь ненависть принес!"

11

И по долине восклицанья
Восторга дикого гремят;
Благословляя час свиданья,
Вкруг Измаила стар и млад

Теснятся, шепчут; поднимая
На плечи маленьких ребят,
Их жены смуглые, зевая,
На князя нового глядят.
Где ж Росламбек, кумир народа?
Где тот, кем славится свобода?
Один, забыт, перед огнем,
Поодаль, с пасмурным челом,
Стоял он, жертва злой досады.
Давно ли привлекал он сам
Все помышления, все взгляды?
Давно ли по его следам
Вся эта чернь шумя бежала?
Давно ль, дивясь его делам,
Их мать ребенку повторяла?
И что же вышло? - Измаил,
Врагов отечества служитель,
Всю эту славу погубил
Своим приездом? - и властитель,
Вчерашний гордый полубог,
Вниманья черни бестолковой
К себе привлечь уже не мог!
Ей всё пленительно, что ново!
"Простынет!" - мыслит Росламбек.
Но если злобный человек
Узнал уж зависть, то не может
Совсем забыть ее никак;
Ее насмешливый призрак
И днем и ночью дух тревожит.

12

Война!.. знакомый людям звук
С тех пор, как брат от братних рук
Пред алтарем погиб невинно...
Гремя, через Кавказ пустынный
Промчался клик: война! война!
И пробудились племена.
На смерть идут они охотно.
Умолк аул, где беззаботно
Недавно слушали певца;

Оружья звон, движенье стана:
Вот ныне песни молодца,
Вот удовольствия байрана!..
“Смотри, как всякий биться рад
За дело чести и свободы!..
Так точно было в наши годы,
Когда нас вел Ахмат-Булат!”
С улыбкой гордою шептали
Между собою старики,
Когда дорогой наблюдали
Отважных юношей полки;
Пора! кипят они досадой, -
Что русских нет? - им крови надо!

13

Зима проходит; облака
Светлей летят по дальним сводам,
В реке глядятся мимоходом;
Но с гордым бешенством река,
Крутясь, как змей, не отвечает
Улыбке неба своего;
И белых путников его
Меж тем упорно обгоняет.
И ровны, прямы, как стена,
По берегам темнеют горы;
Их крутизна, их вышина
Пленяют ум, пугают взоры.
К вершинам их прицеплена
Нагими красными корнями,
Кой-где кудрявая сосна
Стоит печальна и одна,
И часто мрачными мечтами
Тревожит сердце: так порой
Властитель, полубог земной,
На пышном троне, окруженный
Льстецов толпою униженной,
Грустит о том, что одному
На свете равных нет ему!

14

Завоевателю преграда
Положена в долине той;
Из камней и дерев громада
Аргуну давит под собой.
К аулу нет пути иного;
И мыслят горцы: “Враг лихой!
Тебе могила уж готова!”
Но прямо враг идет на них,
И блеск орудий громовых
Далеко сквозь туман играет.
И Росламбек совет сзывает;
Он говорит: “В тиши ночной
Мы нападем на их отряды,
Как упадают водопады
В долину сонную весной...
Погибнут молча наши гости,
И их разбросанные кости,
Добыча вранов и волков,
Сгниют лишенные гробов.
Меж тем с боязнию лукавой
Начнем о мире договор,
И в тайне местию кровавой
Омоем долгий наш позор”.

15

Согласны все на подвиг ратный,
Но не согласен Измаил.
Взмахнул он шашкою булатной
И шумно с места он вскочил;
Окинул вмиг летучим взглядом
Он узденей, сидевших рядом,
И, опустивши свой булат,
Так отвечает брату брат:
“Я не разбойник потаенный;
Я видеть, видеть кровь люблю;
Хочу, чтоб мною пораженный
Знал руку грозную мою!

Как ты, я русских ненавижу,
И даже более, чем ты;
Но под покровом темноты
Я чести князя не унижу!
Иную месть родной стране,
Иную славу надо мне!.."
И поединка ожидали
Меж братьев молча уздени;
Не смели тронуться они.
Он вышел - все еще молчали!..

16

Ужасна ты, гора Шайтан,
Пустыни старый великан;
Тебя злой дух, гласит преданье,
Построил дерзостной рукой,
Чтоб хоть на миг свое изгнанье
Забыть меж небом и землей.
Здесь три столетья очарован,
Он тяжкой цепью был прикован,
Когда надменный с новых скал
Стрелой пророку угрожал.
Как буркой, ельником покрыта,
Соседних гор она черней.
Тропинка желтая прорыта
Слезой отчаянья по ней;
Она ни мохом, ни кустами
Не зарастает никогда;
Пестрея чудными следами,
Она ведет... бог весть куда?
Олень с ветвистыми рогами,
Между высокими цветами,
Одетый хмелем и плющом,
Лежит полуобъятый сном;
И вдруг знакомый лай он слышит
И чует близкого врага:
Поднявши медленно рога,
Минуту свежестью подышит,
Росу с могучих плеч стряхнет,
И вдруг одним прыжком махнет

Через утес; и вот он мчится,
Тернов колючих не боится
И хмель коварный грудью рвет:
Но, вольный путь пересекая,
Пред ним тропинка роковая...
Никем незримая рука
Царя лесов остановляет,
И он, как гибель ни близка,
Свой прежний путь не продолжает!..

17

Кто ж под ужасною горой
Зажег огонь сторожевой?
Треща, краснея и сверкая,
Кусты вокруг он озарил.
На камень голову склоняя,
Лежит поодаль Измаил:
Его приверженцы хотели
Идти за ним - но не посмели!

18

Вот что ему родной готовил край?
Сбылись мечты! увидел он свой рай,
Где мир так юн, природа так богата,
Но люди, люди... что природа им?
Едва успел обнять изгнанник брата,
Уж клевета и зависть - всё над ним!
Друзей улыбка, нежное свиданье,
За что б другой творца благодарил,
Все то ему дается в наказанье;
Но для терпенья ль создан Измаил?
Бывают люди: чувства им страданья;
Причуда злой судьбы - их бытие;
Чтоб самовластье показать свое,
Она порой кидает их меж нами;
Так, древле, в море кинул царь алмаз,
Но гордый камень в свой урочный час
Ему обратно отдан был волнами!
И детям рока места в мире нет;
Они его пугают жизнью новой,

Они блеснут - и сгладится их след,
Как в темной туче след стрелы громовой.
Толпа дивится часто их уму,
Но чаще обвиняет, потому,
Что в море бед, как вихри их ни носят,
Они пособий от рабов не просят;
Хотят их превзойти, в добре и зле,
И власти знак на гордом их челе.

19

"Бессмысленный! зачем отвергнул ты
Слова любви, моленья красоты?
Зачем, когда так долго с ней сражался,
Своей судьбы ты детски испугался?
Всё прежнее, незнаемый молвой,
Ты б мог забыть близ Зары молодой,
Забыть людей близ ангела в пустыне,
Ты б мог любить, но не хотел! - и ныне
Картины счастья живо пред тобой
Проходят укоряющей толпой;
Ты жмешь ей руку, грудь ее и плечи
Целуешь в упоеньи; ласки, речи,
Исполненные счастья и любви,
Ты чувствуешь, ты слышишь; образ милый,
Волшебный взор - всё пред тобой, как было
Еще недавно; все мечты твои
Так вероятны, что душа боится,
Не веря им, вторично ошибиться!
А чем ты это счастье заменил?"
Перед огнем так думал Измаил.
Вдруг выстрел, два и много! - он вскочил
И слушает, - но всё утихло снова.
И говорит он: "Это сон больного!"

20

Души волненьем утомлен,
Опять на землю князь ложится;
Трещит огонь, и дым клубится, -
И что же? - призрак видит он!

Перед огнем стоит спокоен,
На саблю опершись рукой,
В фуражке белой русский воин,
Печальный, бледный и худой.
Спросить хотелось Измаилу,
Зачем оставил он могилу!
И свет дрожащего огня,
Упав на смуглые ланиты,
Черкесу придал вид сердитый:
“Чего ты хочешь от меня?” -
“Гостеприимства и защиты! -
Пришлец бесстрашно отвечал, -
Свой путь в горах я потерял,
Черкесы вслед за мной спешили
И казаков моих убили,
И верный конь под мною пал!
Спасти, убить врага ночного
Равно ты можешь! не боюсь
Я смерти: грудь моя готова.
Твоей я чести предаюсь!” -
“Ты прав; на честь мою надейся!
Вот мой огонь: садись и грейся”.

21

Тиха, прозрачна ночь была,
Светила на небе блистали,
Луна за облаком спала,
Но люди ей не подражали.
Перед огнем враги сидят,
Хранят молчанье и не спят.
Черты пришельца возбуждали
У князя новые мечты,
Они ему напоминали
Давно знакомые черты;
То не игра воображенья.
Он должен разрешить сомненья...
И так пришельцу говорил
Нетерпеливый Измаил:
“Ты молод, вижу я! за славой
Привыкнув гнаться, ты забыл,

Что славы нет в войне кровавой
С необразованной толпой!
За что завистливой рукой
Вы возмутили нашу долю?
За то, что бедны мы, и волю
И степь свою не отдадим
За злато роскоши нарядной;
За то, что мы боготворим,
Что презираете вы хладно!
Не бойся, говори смелей:
Зачем ты нас возненавидел,
Какою грубостью своей
Простой народ тебя обидел?"

22

"Ты ошибаешься, черкес! -
С улыбкой русский отвечает, -
Поверь: меня, как вас, пленяет
И водопад, и темный лес;
С восторгом ваши льды я вижу,
Встречая пышную зарю,
И ваше племя я люблю:
Но одного я ненавижу!
Черкес он родом, не душой,
Ни в чем, ни в чем не схож с тобой!
Себе иль князю Измаилу
Клялся я здесь найти могилу...
К чему опять ты мрачный взор
Мохнатой шапкой закрываешь?
Твое молчанье мне укор;
Но выслушай, ты всё узнаешь...
И сам досадой запылаешь...

23

"Ты знаешь, верно, что служил
В российском войске Измаил;
Но, образованный, меж нами
Родными бредил он полями,
И всё черкес в нем виден был.

В пирах и битвах отличался
Он перед всеми! томный взгляд
Восточной негой отзывался:
Для наших женщин он был яд!
Воспламенив их воображенье,
Повелевал он без труда
И за проступок наслажденье
Не почитал он никогда;
Не знаю - было то презренье
К законам стороны чужой
Или испорченные чувства!..
Любовью женщин, их тоской
Он веселился как игрой;
Но избежать его искусства
Не удалося ни одной.

24

“Черкес! видал я здесь прекрасных
Свободы нежных дочерей,
Но не сравню их взоров страстных
С приветом северных очей.
Ты не любил! - ни слов опасных,
Ни уст волшебных не знавал;
Кудрями девы золотыми
Ты в упоеньи не играл,
Ты клятвам страсти не внимал,
И не был ты обманут ими!
Но я любил! Судьба меня
Блестящей радугой манила,
Невольно к бездне подводила...
И ждал я счастливого дня!
Своей невестой дорогою
Я смел уж ангела назвать,
Невинным ласкам отвечать
И с райской девой забывать,
Что рая нет уж под луною.
И вдруг ударил страшный час,
Причина долголетней муки;
Призыв войны, отчизны глас,
Раздался вестником разлуки.

Как дым рассеялись мечты!
Тот день я буду помнить вечно...
Черкес! черкес! ни с кем, конечно,
Ни с кем не расставался ты!

25

"В то время Измаил случайно
Невесту увидал мою
И страстью запылал он тайно!
Меж тем как в дальнем я краю
Искал в боях конца иль славы,
Сластолюбивый и лукавый,
Он сердце девы молодой
Опутал сетью роковой.
Как он умел слезой притворной
К себе доверенность вселять!
Насмешкой - скромность побеждать
И, побеждая, вид покорный
Хранить; иль весь огонь страстей
Мгновенно открывать пред ней!
Он очертил волшебным кругом
Ее желанья; ведал он,
Что быть не мог ее супругом,
Что разделял их наш закон,
И обольщенная упала
На грудь убийцы своего!
Кроме любви, она не знала,
Она не знала ничего...

26

"Но скоро скуку пресыщенья
Постиг виновный Измаил!
Таиться не было терпенья,
Когда погас минутный пыл.
Оставил жертву обольститель
И удалился в край родной,
Забыл, что есть на небе мститель,
А на земле еще другой!
Моя рука его отыщет

В толпе, в лесах, в степи пустой,
И казни грозный меч просвищет
Над непреклонной головой;
Пусть лик одежда изменяет:
Не взор - душа врага узнает!

27

“Черкес, ты понял, вижу я,
Как справедлива месть моя!
Уж на устах твоих проклятья!
Ты, внемля, вздрагивал не раз...
О, если б мог пересказать я,
Изобразить ужасный час,
Когда прелестное созданье
Я в униженьи увидал
И безотчетное страданье
В глазах увядших прочитал!
Она рассудок потеряла;
Рядилась, пела и плясала,
Иль сидя молча у окна.
По целым дням, как бы не зная,
Что изменил он ей, вздыхая,
Ждала изменника она.
Вся жизнь погибшей девы милой
Остановилась на былом;
Ее безумье даже было
Любовь к нему и мысль об нем...
Какой душе не знал он цену!..” -
И долго русский говорил
Про месть, про счастье, про измену:
Его не слушал Измаил.
Лишь знает он да бог единый,
Что под спокойною личиной
Тогда происходило в нем.
Стеснив дыханье, вверх лицом
(Хоть сердце гордое и взгляды
Не ждали от небес отрады)
Лежал он на земле сырой,
Как та земля, и мрачный и немой!

28

Видали ль вы, как хищные и злые,
К оставленному трупу в тихий дол
Слетаются наследники земные,
Могильный ворон, коршун и орел?
Так есть мгновенья, краткие мгновенья,
Когда, столпясь, все адские мученья
Слетаются на сердце - и грызут!
Века печали стоят тех минут.
Лишь дунет вихрь - и сломится лилея;
Таков с душой кто слабою рожден,
Не вынесет минут подобных он:
Но мощный ум, крепясь и каменея,
Их превращает в пытку Прометея!
Не сгладит время их глубокий след:
Все в мире есть - забвенья только нет!

29

Светает. Горы снеговые
На небосклоне голубом
Зубцы подъемлют золотые;
Слилися с утренним лучом
Края волнистого тумана,
И на верху горы Шайтана
Огонь, стыдясь перед зарей,
Бледнеет - тихо приподнялся,
Как перед смертию больной,
Угрюмый князь с земли сырой.
Казалось, вспомнить он старался
Рассказ ужасный и желал
Себя уверить он, что спал;
Желал бы счесть он всё мечтою...
И по челу провел рукою;
Но грусть жестокий властелин!
С чела не сгладил он морщин.

30

Он встал, он хочет непременно
Пришельцу быть проводником.

Не зная думать что о нем,
Согласен юноша смущенный.
Идут они глухим путем,
Но их тревожит всё: то птица
Из-под ноги у них вспорхнет,
То краснобокая лисица
В кусты цветущие нырнет.
Они всё ниже, ниже сходят
И рук от сабель не отводят.
Через опасный переход
Спешат нагнувшись, без оглядки;
И вновь на холм крутой взошли,
И цепью русские палатки,
Как на ночлеге журавли,
Белеют смутно уж вдали!
Тогда черкес остановился,
За руку путника схватил,
И кто бы, кто не удивился?
По-русски с ним заговорил.

31

"Прощай! ты можешь безопасно
Теперь идти в шатры свои;
Но, если веришь мне, напрасно
Ты хочешь потопить в крови
Свою печаль! страшись, быть может,
Раскаянье прибавишь к ней.
Болезни этой не поможет
Ни кровь врага, ни речь друзей!
Напрасно здесь, в краю далеком,
Ты губишь прелесть юных дней;
Нет, не достать вражде твоей
Главы, постигнутой уж роком!
Он палачам судей земных
Не уступает жертв своих!
Твоя б рука не устрашила
Того, кто борется с судьбой:
Ты худо знаешь Измаила;
Смотри ж, он здесь перед тобой!"
И с видом гордого презренья

Ответа князь не ожидал;
Он скрылся меж уступов скал -
И долго русский без движенья,
Один, как вкопаный, стоял.

32

Меж тем, перед горой Шайтаном
Расположась военным станом,
Толпа черкесов удалых
Сидела вкруг огней своих;
Они любили Измаила,
С ним вместе слава иль могила,
Им всё равно! лишь только б с ним!
Но не могла б судьба одним
И нежным чувством меж собою
Сковать людей с умом простым
И с беспокойною душою:
Их всех обидел Росламбек!
(Таков повсюду человек.)

33

Сидят наездники беспечно,
Курят турецкий свой табак
И князя ждут они: "Конечно,
Когда исчезнет ночи мрак,
Он к нам сойдет; и взор орлиный
Смирит враждебные дружины,
И вздрогнут перед ним они,
Как Росламбек и уздени!"
Так, песню воли напевая,
Шептала шайка удалая.

34

Безмолвно, грустно, в стороне,
Подняв глаза свои к луне,
Подруге дум любви мятежной,
Прекрасный юноша стоял, -
Цветок для смерти слишком нежный!

Он также Измаила ждал,
Но не беспечно. Трепет тайный
Порывам сердца изменял,
И вздох тяжелый, не случайный,
Не раз из груди вылетал;
И он явился к Измаилу,
Чтоб разделить с ним - хоть могилу!
Увы! такая ли рука
В куски изрубит казака?
Такой ли взор, стыдливый, скромный,
Глядит на мир, чтоб видеть кровь?
Зачем он здесь, и ночью темной,
Лицом прелестный, как любовь,
Один в кругу черкесов праздных,
Жестоких, буйных, безобразных?
Хотя страшился он сказать,
Нетрудно было б отгадать,
Когда б... но сердце, чем моложе,
Тем боязливее, тем строже
Хранит причину от людей
Своих надежд, своих страстей.
И тайна юного Селима,
Чуждаясь уст, ланит, очей,
От любопытных, как от змей,
В груди сокрылась невредима!

ЧАСТЬ ТРЕТЬЯ

She told nor whence, nor why she left behind
Her all for one who seem'd but little kind.
Why did she love him? Curious fool! - be still -
Is human love the growth of human will?..
Lara. - L. Byron.

Она не сказала, ни откуда она, ни почему она оставила
Все для того, кто, казалось, с ней тоже был неласков.
Почему она любила его? Пытливый глупец! Молчи:
Разве человеческая любовь рождается по воле человека?
Лара. Лорд Байрон. (англ.)

1

Какие степи, горы и моря
Оружию славян сопротивлялись?
И где веленью русского царя
Измена и вражда не покорялись?
Смирись, черкес! и запад и восток,
Быть может, скоро твой разделит рок.
Настанет час - и скажешь сам надменно
Пускай я раб, но раб царя вселенной!
Настанет час - и новый грозный Рим
Украсит Север Августом другим!

2

Горят аулы; нет у них защиты,
Врагом сыны отечества разбиты,
И зарево, как вечный метеор,
Играя в облаках, пугает взор.
Как хищный зверь, в смиренную обитель
Врывается штыками победитель;
Он убивает старцев и детей,
Невинных дев и юных матерей
Ласкает он кровавою рукою,
Но жены гор не с женскою душою!
За поцелуем вслед звучит кинжал,
Отпрянул русский, - захрипел, - и пал!
"Отмсти, товарищ!" - и в одно мгновенье
(Достойное за смерть убийцы мщенье!)
Простая сакля, веселя их взор,
Горит, - черкесской вольности костер!..

3

В ауле дальнем Росламбек угрюмый
Сокрылся вновь, не ужасом объят;
Но у него коварные есть думы,
Им помешать теперь не может брат.
Где ж Измаил? - безвестными горами
Блуждает он, дерется с казаками,

И, заманив полки их за собой,
Пустыню усыпает их костями,
И манит новых по дороге той.
За ним устали русские гоняться,
На крепости природные взбираться;
Но отдохнуть черкесы не дают;
То скроются, то снова нападут.
Они, как тень, как дымное виденье,
И далеко и близко в то ж мгновенье.

4

Но в бурях битв не думал Измаил.
Сыскать самозабвенья и покоя.
Не за отчизну, за друзей он мстил, -
И не пленялся именем героя;
Он ведал цену почестей и слов,
Изобретенных только для глупцов!
Недолгий жар погас! душой усталый,
Его бы не желал он воскресить;
И не родной аул, - родные скалы
Решился он от русских защитить!

5

Садится день, одетый мглою,
Как за прозрачной пеленою...
Ни ветра на земле, ни туч
На бледном своде! чуть приметно
Орла на вышине бесцветной;
Меж скал блуждая, желтый луч
В пещеру дикую прокрался
И гладкий череп озарил,
И сам на жителе могил
Перед кончиной разыгрался,
И по разбросанным костям,
Травой поросшим, здесь и там
Скользнул огнистой полосою,
Дивясь их вечному покою.
Но прежде встретил он двоих
Недвижных также, - но живых...

И, как немые жертвы гроба,
Они беспечны были оба!

6

Один... так точно! - Измаил!
Безвестной думой угнетаем,
Он солнце тусклое следил,
Как мы нередко провождаем
Гостей докучливых; на нем
Черкесский панцырь и шелом,
И пятна крови омрачали
Местами блеск военной стали.
Младую голову Селим
Вождю склоняет на колени;
Он всюду следует за ним,
Хранительной подобно тени;
Никто ни ропота, ни пени
Не слышал на его устах...
Боится он или устанет,
На Измаила только взглянет -
И весел труд ему и страх!

7

Он спит, - и длинные ресницы
Закрыли очи под собой;
В ланитах кровь, как у девицы,
Играет розовой струёй;
И на кольчуге боевой
Ему не жестко. С сожаленьем
На эти нежные черты
Взирает витязь, и мечты
Его исполнены мученьем:
“Так светлой каплею роса,
Оставя край свой, небеса,
На лист увядший упадает;
Блистая райским жемчугом,
Она покоится на нем,
И, беззаботная, не знает,
Что скоро лист увядший тот
Пожнет коса иль конь сомнет!”

8

С полуоткрытыми устами,
Прохладой вечера дыша,
Он спит; но мирная душа
Взволнована! полусловами
Он с кем-то говорит во сне!
Услышал князь и удивился;
К устам Селима в тишине
Прилежным ухом он склонился:
Быть может, через этот сон
Его судьбу узнает он...
"Ты мог забыть? - любви не нужно
Одной лишь нежности наружной...
Оставь же!" - сонный говорил.
"Кого оставить?" - князь спросил.
Селим умолк, но на мгновенье;
Он продолжал: "К чему сомненье?
На всем лежит его презренье...
Увы! что значат перед ним
Простая дева иль Селим?
Так будет вечно между нами...
Зачем бесценными устами
Он это имя освятил?"
"Не я ль?" - подумал Измаил.
И, погодя, он слышит снова:
"Ужасно, боже! для детей
Проклятие отца родного,
Когда на склоне поздних дней
Оставлен ими... но страшней
Его слеза!.." Еще два слова
Селим сказал, и слабый стон
Вдруг поднял грудь, как стон прощанья,
И улетел. - Из сострадания
Князь прерывает тяжкий сон.

9

И вздрогнув, юноша проснулся,
Взглянул вокруг и улыбнулся,
Когда он ясно увидал,

Что на коленях друга спал.
Но, покрасневши, сновиденье
Пересказать стыдился он,
Как будто бы лукавый сон
Имел с судьбой его сношенье.
Не отвечая на вопрос
(Примета явная печали),
Щипал он листья диких роз,
И, наконец, две капли слез
В очах склоненных заблистали;
И, с быстротой отворотясь,
Он слезы осушил рукою...
Всё примечал, всё видел князь;
Но не смутился он душою
И приписал он простоте,
Затеям детским слезы те.
Конечно, сам давно не знал он
Печалей сладостных любви?
И сам давно не предавал он
Слезам страдания свои?

10

Не знаю!.. но в других он чувства
Судить отвык уж по своим.
Не раз, личиною искусства,
Слезой и сердцем ледяным,
Когда обманов сам чуждался,
Обманут был он; - и боялся
Он верить, только потому,
Что верил некогда всему!
И презирал он этот мир ничтожный,
Где жизнь - измен взаимных вечный ряд;
Где радость и печаль - всё призрак ложный!
Где память о добре и зле - всё яд!
Где льстит нам зло, но более тревожит;
Где сердца утешать добро не может;
И где они, покорствуя страстям,
Раскаянье одно приносят нам...

11

Селим встает, на гору всходит.
Сребристый стелется ковыль
Вокруг пещеры; сумрак бродит
Вдали... вот топот! вот и пыль,
Желтея, поднялась в лощине!
И крик черкесов по заре
Гудит, теряяся в пустыне!
Селим всё слышал на горе;
Стремглав, в пещеру он вбегает:
"Они! они!" он восклицает,
И князя нежною рукой
Влечет он быстро за собой.
Вот первый всадник показался;
Он, мнилось, из земли рождался,
Когда въезжал на холм крутой;
За ним другой, еще другой,
И вереницею тянулись
Они по узкому пути:
Там, если б два коня столкнулись,
Назад бы оба не вернулись
И не могли б вперед идти.

12

Толпа джигитов удалая,
Перед горой остановясь,
С коней измученных слезая,
Шумит. - Но к ним подходит князь,
И всё утихло! уваженье
В их выразительных чертах;
Но уважение - не страх;
Не власть его основа - мненье!
"Какие вести?" - Русский стан
Пришел к Осаевскому Полю,
Им льстит и бедность наших стран!
Их много! - "Кто не любит волю?"
Молчат. - "Так дайте ж отдохнуть
Своим коням; с зарею в путь.
В бою мы ради лечь костями;

Чего же лучшего нам ждать?
Но в цвете жизни умирать...
Селим, ты не поедешь с нами!..”

13

Бледнеет юноша, и взор
Понятно выразил укор: -
“Нет, - говорит он, - я повсюду,
В изгнанье, в битве спутник твой;
Нет, клятвы я не позабуду -
Угаснуть или жить с тобой!
Не робок я под свистом пули,
Ты видел это, Измаил;
Меня враги не ужаснули,
Когда ты, князь, со мною был!
И с твоего чела не я ли
Смывал так часто пыль и кровь?
Когда друзья твои бежали,
Чьи речи, ласки прогоняли
Суровый мрак твоей печали?
Мои слова! моя любовь!
Возьми, возьми меня с собою!
Ты знаешь, я владеть стрелою
Могу... И что мне смерть? - о, нет!
Красой и счастьем юных лет
Моя душа не дорожила;
Всё, всё оставлю, жизнь и свет,
Но не оставлю Измаила!”

14

Взглянул на небо молча князь,
И, наконец, отворотясь,
Он протянул Селиму руку;
И крепко тот ее пожал
За то, что смерть, а не разлуку
Печальный знак сей обещал!
И долго витязь так стоял;
И под нависшими бровями
Блеснуло что-то; и слезами

Я мог бы этот блеск назвать,
Когда б не скрылся он опять!..

15

По косогору ходят кони;
Колчаны, ружья, седла, брони
В пещеру на ночь снесены;
Огни у входа зажжены;
На князе яркая кольчуга
Блестит краснея; погружен
В мечтанье горестное он;
И от страстей, как от недуга,
Бежит спокойствие и сон.
И говорит Селим: “Наверно,
Тебя терзает дух пещерный!
Дай песню я тебе спою;
Нередко дева молодая
Ее поет в моем краю,
На битву друга отпуская!
Она печальна; но другой
Я не слыхал в стране родной.
Ее певала мать родная
Над колыбелию моей,
Ты, слушая, забудешь муки,
И на глаза навеют звуки
Все сновиденья детских дней!”
Селим запел, и ночь кругом внимает,
И песню ей пустыня повторяет:

Песня Селима
Месяц плывет
И тих и спокоен;
А юноша-воин
На битву идет.
Ружье заряжает джигит,
И дева ему говорит:
“Мой милый, смелее
Вверяйся ты року,
Молися востоку,
Будь верен пророку,

Любви будь вернее!
“Всегда награжден,
Кто любит до гроба,
Ни зависть, ни злоба
Ему не закон;
Пускай его смерть и погубит;
Один не погибнет, кто любит!
“Любви изменивший
Изменой кровавой,
Врага не сразивши,
Погибнет без славы;
Дожди его ран не обмоют,
И звери костей не зароют!”
Месяц плывет
И тих и спокоен;
А юноша-воин
На битву идет!

“Прочь эту песню! - как безумный
Воскликнул князь, - зачем упрек?..
Тебя ль послушает пророк?..
Там, облит кровью, в битве шумной
Твои слова я заглушу,
И разорву ее оковы...
И память в сердце удушу!..
Вставайте! - как? - вы не готовы?..
Прочь песни! - крови мне!.. пора!..
Друзья! коней!.. вы не слыхали...
Удары, топот, визг ядра,
И крик, и треск разбитой стали?..
Я слышал!.. О, не пой, не пой!
Тронь сердце, как дрожит, и что же?
Ты недовольна?.. боже! боже!..
Зачем казнить ее рукой?..”
Так речь его оторвалася
От бледных уст и пронеслася
Невнятно, как далекий гром.
Неровным, трепетным огнем
До половины освещенный,
Ужасен, с шашкой обнаженной
Стоял недвижим Измаил,

Как призрак злой, от сна могил
Волшебным словом пробужденный;
Он взор всей силой устремил
В пустую степь, грозил рукою,
Чему-то страшному грозил:
Иначе, как бы Измаил
Смутиться твердой мог душою?
И понял наконец Селим,
Что витязь говорил не с ним!
Неосторожный! он коснулся
Душевных струн, - и звук проснулся,
Расторгнув хладную тюрьму...
И сам искусству своему
Селим невольно ужаснулся!

16

Толпа садится на коней;
При свете гаснущих огней
Мелькают сумрачные лица.
Так опоздавшая станица
Пустынных белых журавлей
Вдруг поднимается с полей...
Смех, клики, ропот, стук и ржанье!
Всё дышит буйством и войной!
Во всем приличия незнанье,
Отвага дерзости слепой.

17

Светлеет небо полосами;
Заря меж синими рядами
Ревнивых туч уж занялась.
Вдоль по лощине едет князь,
За ним черкесы цепью длинной.
Признаться: конь по седоку!
Бежит, и будто ветр пустынный,
Скользящий шумно по песку,
Крутится, вьется на скаку;
Он бел, как снег: во мраке ночи
Его заметить могут очи.

С колчаном звонким за спиной,
Отягощен своим нарядом,
Селим проворный едет рядом
На кобылице вороной.
Так белый облак, в полдень знойный,
Плывет отважно и спокойно,
И вдруг по тверди голубой
Отрывок тучи громовой,
Грозы дыханием гонимый,
Как черный лоскут мчится мимо;
Но как ни бейся, в вышине
Он с тем не станет наравне!

18

Уж близко роковое поле.
Кому-то пасть решит судьба?
Вдруг им послышалась стрельба;
И каждый миг всё боле, боле,
И пушки голос громовой
Раздался скоро за горой.
И вспыхнул князь, махнул рукою:
"Вперед! - воскликнул он, - за мною!"
Сказал и бросил повода.
Нет! так прекрасен никогда
Он не казался! повелитель,
Герой по взорам и речам,
Летел к опасным он врагам,
Летел, как ангел-истребитель;
И в этот миг, скажи, Селим,
Кто б не последовал за ним?

19

Меж тем с беспечною отвагой
Отряд могучих казаков
Гнался за малою ватагой
Неустрашимых удальцов;
Всю эту ночь они блуждали
Вкруг неприязненных шатров;
Их часовые увидали,

И пушка грянула по ним,
И казаки спешат навстречу!
Едва с отчаяньем немым
Они поддерживали сечу,
Стыдясь и в бегстве показать,
Что смерть их может испугать.
Их круг тесней уж становился;
Один под саблею свалился,
Другой, пробитый в грудь свинцом,
Был в поле унесен конем,
И, мертвый, на седле всё бился!..
Оружье брось, надежды нет,
Черкес! читай свои молитвы!
В крови твой шелковый бешмет,
Тебе другой не видеть битвы!
Вдруг пыль! и крик! - он им знаком:
То крик родной, не бесполезный!
Глядят и видят: над холмом
Стоит их князь в броне железной!..

20

Недолго Измаил стоял:
Вздохнуть коню он только дал,
Взглянул, и ринулся, и смял
Врагов, и путь за ним кровавый
Меж их рядами виден стал!
Везде, налево и направо,
Чертя по воздуху круги,
Удары шашки упадают;
Не видят блеск ее враги
И беззащитно умирают!
Как юный лев, разгорячась,
В средину их врубился князь;
Кругом свистят и реют пули;
Но что ж? его хранит пророк!
Шелом удары не согнули,
И худо метится стрелок.
За ним, погибель рассыпая,
Вломилась шайка удалая,
И чрез минуту шумный бой
Рассыпался в долине той...

21

Далеко от сраженья, меж кустов,
Питомец смелый трамских табунов,
Расседланный, хладея постепенно,
Лежал издохший конь; и перед ним,
Участием исполненный живым,
Стоял черкес, соратника лишенный;
Крестом сжав руки и кидая взгляд
Завистливый туда, на поле боя,
Он проклинать судьбу свою был рад;
Его печаль - была печаль героя!
И весь в поту, усталостью томим,
К нему в испуге подскакал Селим
(Он лук не напрягал еще, и стрелы
Все до одной в колчане были целы).

22

"Беда! - сказал он, - князя не видать!
Куда он скрылся?" - "Если хочешь знать,
Взгляни туда, где бранный дым краснее,
Где гуще пыль и смерти крик сильнее,
Где кровью облит мертвый и живой,
Где в бегстве нет надежды никакой:
Он там! - смотри: летит как с неба пламя;
Его шишак и конь, - вот наше знамя!
Он там! - как дух, разит и невредим,
И всё бежит иль падает пред ним!"
Так отвечал Селиму сын природы -
А лесть была чужда степей свободы!..

23

Кто этот русский? с саблею в руке,
В фуражке белой? страха он не знает!
Он между всех отличен вдалеке,
И казаков примером ободряет;
Он ищет Измаила - и нашел,
И вынул пистолет свой, и навел,
И выстрелил! - напрасно! - обманулся

Его свинец! - но выстрел роковой
Услышал князь, и мигом обернулся,
И задрожал: "Ты вновь передо мной!
Свидетель бог: не я тому виной!.." -
Воскликнул он, и шашка зазвенела,
И, отделясь от трепетного тела,
Как зрелый плод от ветки молодой,
Скатилась голова; - и конь ретивый,
Встав на дыбы, заржал, мотая гривой,
И скоро обезглавленный седок
Свалился на растоптанный песок.
Не долго это сердце увядало,
И мир ему! - в единый миг оно
Любить и ненавидеть перестало:
Не всем такое счастье суждено!

24

Всё жарче бой; главы валятся
Под взмахом княжеской руки;
Спасая дни свои, теснятся,
Бегут в расстройстве казаки!
Как злые духи, горцы мчатся
С победным воем им вослед,
И никому пощады нет!
Но что ж? победа изменила!
Раздался вдруг нежданный гром,
Всё в дыме скрылося густом;
И пред глазами Измаила
На землю с бешеных коней
Кровавой грудою костей
Свалился ряд его друзей.
Как град посыпалась картеча;
Пальбу услышав издалеча,
Направя синие штыки,
Спешат ширванские полки.
Навстречу гибельному строю
Один, с отчаянной душою,
Хотел пуститься Измаил;
Но за повод коня схватил
Черкес, и в горы за собою,

Как ни противился седок,
Коня могучего увлек.
И ни малейшего движенья
Среди всеобщего смятенья
Не упустил младой Селим;
Он бегство князя примечает!
Удар судьбы благословляет,
И быстро следует за ним.
Не стыд, - но горькая досада
Героя медленно грызет:
Жизнь побежденным не награда!
Он на друзей не кинул взгляда,
И, мнится, их не узнает.

25

Чем реже нас балует счастье,
Тем слаще предаваться нам
Предположеньям и мечтам.
Родится ль тайное пристрастье
К другому миру, хоть и там
Судьбы приметно самовластье,
Мы всё свободнее дарим
Ему надежды и желанья;
И украшаем, как хотим,
Свои воздушные созданья!
Когда забота и печаль
Покой душевный возмущают,
Мы забываем свет, и вдаль
Душа и мысли улетают,
И ловят сны, в которых нет
Следов и теней прежних лет.
Но ум, сомненьем охлажденный
И спорить с роком приученный,
Не усладить, не позабыть
Свои страдания желает;
И если иногда мечтает,
То он мечтает победить!
И, зная собственную силу,
Пока не сбросит прах в могилу,
Он не оставит гордых дум...

Такой непобедимый ум
Природой дан был Измаилу!

26

Он ранен, кровь его течет;
А он не чувствует, не слышит;
В опасный путь его несет
Ретивый конь, храпит и пышет!
Один Селим не отстает.
За гриву ухватясь руками,
Едва сидит он на седле;
Боязни бледность на челе;
Он очи полные слезами
Порой кидает на того,
Кто всё на свете для него,
Кому надежду жизни милой
Готов он в жертву принести,
И чье последнее "прости"
Его бы с жизнью разлучило!
Будь перед миром он злодей,
Что для любви слова людей?
Что ей небес определенье?
Нет! охладить любовь гоненье
Еще ни разу не могло;
Она сама свое добро и зло!

27

Умолк докучный крик погони;
Дымясь и в пене скачут кони
Между провалом и горой,
Кремнистой, тесною тропой;
Они дорогу знают сами
И презирают седока,
И бесполезная рука
Уж не владеет поводами.
Направо темные кусты
Висят, за шапки задевая,
И с неприступной высоты
На новых путников взирая;

Чернеет серна молодая;
Налево - пропасть; по краям
Ряд красных камней, здесь и там
Всегда обрушиться готовый.
Никем неведомый поток
Внизу, свиреп и одинок,
Как тигр Америки суровой,
Бежит гремучею волной;
То блещет бахромой перловой,
То изумрудною каймой;
Как две семьи - враждебный гений.
Два гребня разделяет он.
Вдали на синий небосклон
Нагих, бесплодных гор ступени
Ведут желание и взгляд
Сквозь облака, которых тени
По ним мелькают и спешат;
Сменяя в зависти друг друга,
Они бегут вперед, назад,
И мнится, что под солнцем юга
В них страсти южные кипят!

28

Уж полдень. Измаил слабеет;
Пылает солнце высоко.
Но есть надежда! дым синеет,
Родной аул недалеко...
Там, где, кустарником покрыты,
Встают красивые граниты
Каким-то пасмурным венцом,
Есть поворот и путь, прорытый
Арбы скрипучим колесом.
Оттуда кровы земляные,
Мечеть, белеющий забор,
Аргуны воды голубые,
Как под ногами, встретит взор!
Достигнут поворот желанный;
Вот и венец горы туманной;
Вот слышен речки рев глухой;
И белый конь сильней рванулся...

Но вдруг переднею ногой
Он оступился, спотыкнулся.
И на скаку, между камней,
Упал всей тягостью своей.

29

И всадник, кровью истекая,
Лежал без чувства на земле;
В устах недвижность гробовая,
И бледность муки на челе;
Казалось, час его кончины
Ждал знак условный в небесах,
Чтобы слететь, и в миг единый
Из человека сделать - прах!
Ужель степная лишь могила
Ничтожный в мире будет след
Того, чье сердце столько лет
Мысль о ничтожестве томила?
Нет! нет! ведь здесь еще Селим...
Склонясь в отчаяньи над ним,
Как в бурю ива молодая
Над падшим гнется алтарем,
Снимал он панцырь и шелом;
Но сердце к сердцу прижимая,
Не слышит жизни ни в одном!
И если б страшное мгновенье
Все мысли не убило в нем,
Судиться стал бы он с творцом
И проклинал бы провиденье!..

30

Встает, глядит кругом Селим:
Всё неподвижно перед ним!
Зовет: - и тучка дождевая
Летит на зов его одна,
По ветру крылья простирая,
Как смерть, темна и холодна.
Вот, наконец, сырым покровом
Одела путников она,

И юноша в испуге новом!
Прижавшись к другу с быстротой:
“О, пощади его!.. Постой! -
Воскликнул он, - я вижу ясно,
Что ты пришла меня лишить
Того, кого люблю так страстно,
Кого слабей нельзя любить!
Ступай! Ищи других по свету...
Все жертвы бога твоего!..
Ужель меня несчастней нету?
И нет виновнее его?”

31

Меж тем, подобно дымной тени,
Хотя не понял он молений,
Угрюмый облак пролетел.
Когда ж Селим взглянуть посмел,
Он был далеко! Освеженный
Его прохладою мгновенной,
Очнулся бледный Измаил,
Вздохнул, потом глаза открыл.
Он слаб: другую ищет руку
Его дрожащая рука;
И, каждому внимая звуку,
Он пьет дыханье ветерка,
И всё, что близко, отдаленно,
Пред ним яснеет постепенно...
Где ж друг последний? Где Селим?
Глядит! - и что же перед ним?
Глядит - уста оледенели,
И мысли зреньем овладели...
Не мог бы описать подобный миг
Ни ангельский, ни демонский язык!

32

Селим... и кто теперь не отгадает?
На нем мохнатой шапки больше нет,
Раскрылась грудь; на шелковый бешмет
Волна кудрей, чернея, ниспадает,

В печали женщин лучший их убор!
Молитва стихла на устах!.. а взор...
О небо! небо! Есть ли в кущах рая
Глаза, где слезы, робость и печаль
Оставить страшно, уничтожить жаль?
Скажи мне, есть ли Зара молодая
Меж дев твоих? и плачет ли она,
И любит ли? но понял я молчанье!
Не встретить мне подобное созданье;
На небе неуместно подражанье,
А Зара на земле была одна...

33

Узнал, узнал он образ позабытый
Среди душевных бурь и бурь войны,
Поцеловал он нежные ланиты -
И краски жизни им возвращены.
Она чело на грудь ему склонила,
Смущают Зару ласки Измаила,
Но сердцу как ума не соблазнить?
И как любви стыда не победить?
Их речи - пламень! вечная пустыня
Восторгом и блаженством их полна.
Любовь для неба и земли святыня,
И только для людей порок она!
Во всей природе дышит сладострастье;
И только люди покупают счастье!

***

Прошло два года, всё кипит война;
Бесплодного Кавказа племена
Питаются разбоем и обманом;
И в знойный день, и под ночным туманом
Отважность их для русского страшна.
Казалося, двух братьев помирила
Слепая месть и к родине любовь;
Везде, где враг бежит и льется кровь,
Видна рука и шашка Измаила.
Но отчего ни Зара, ни Селим

Теперь уже не следует за ним?
Куда лезгинка нежная сокрылась?
Какой удар ту грудь оледенил,
Где для любви такое сердце билось,
Каким владеть он недостоин был?
Измена ли причина их разлуки?
Жива ль она иль спит последним сном?
Родные ль в гроб ее сложили руки?
Последнее "прости" с слезами муки
Сказали ль ей на языке родном?
И если смерть щадит ее поныне -
Между каких людей, в какой пустыне?
Кто б Измаила смел спросить о том?
Однажды, в час, когда лучи заката
По облакам кидали искры злата,
Задумчив на кургане Измаил
Сидел: еще ребенком он любил
Природы дикой пышные картины,
Разлив зари и льдистые вершины,
Блестящие на небе голубом;
Не изменилось только это в нем!
Четыре горца близ него стояли,
И мысли по лицу узнать желали;
Но кто проникнет в глубину морей
И в сердце, где тоска, - но нет страстей?
О чем бы он ни думал, - запад дальный
Не привлекал мечты его печальной;
Другие вспоминанья и другой,
Другой предмет владел его душой.
Но что за выстрел? - дым взвился, белея.
Верна рука, и верен глаз злодея!
С свинцом в груди, простертый на земле,
С печатью смерти на крутом челе,
Друзьями окружен, любимец брани
Лежал, навеки нем для их призваний!
Последний луч зари еще играл
На пасмурных чертах и придавал
Его лицу румянец; и казалось,
Что в нем от жизни что-то оставалось,
Что мысль, которой угнетен был ум,
Последняя его тяжелых дум,

Когда душа отторгнулась от тела,
Его лица оставить не успела!
Небесный суд да будет над тобой,
Жестокий брат, завистник вероломный!
Ты сам наметил выстрел роковой,
Ты не нашел в горах руки наемной!
Гремучий ключ катился невдали.
К его струям черкесы принесли
Кровавый труп; расстегнут их рукою
Чекмень, пробитый пулей роковою;
И грудь обмыть они уже хотят...
Но почему их омрачился взгляд?
Чего они так явно ужаснулись?
Зачем, вскочив, так хладно отвернулись?
Зачем? - какой-то локон золотой
(Конечно, талисман земли чужой),
Под грубою одеждою измятый,
И белый крест на ленте полосатой
Блистали на груди у мертвеца!..
"И кто бы отгадал? - Джяур проклятый!
Нет, ты не стоил лучшего конца;
Нет, мусульманин верный Измаилу
Отступнику не выроет могилу!
Того, кто презирал людей и рок,
Кто смертию играл так своенравно,
Лишь ты низвергнуть смел, святой пророк!
Пусть, не оплакан, он сгниет бесславно,
Пусть кончит жизнь, как начал - одинок".

БОЯРИН ОРША

Глава I

Then burst her heart in one long shriek,
And to the earth she fell like stone

Or statue from its base o'erthrown.
Byron

Тогда сердце ее разорвалось в одном протяжном крике,
И на землю она упала, как камень
Или статуя, сброшенная с своего пьедестала.
Байрон (англ.)

Во время оно жил да был
В Москве боярин Михаил,
Прозваньем Орша. Важный сан
Дал Орше Грозный Иоанн;
Он дал ему с руки своей
Кольцо, наследие царей;
Он дал ему в веселый миг
Соболью шубу с плеч своих;
В день воскресения Христа
Поцеловал его в уста
И обещался в тот же день
Дать тридцать царских деревень
С тем, чтобы Орша до конца
Не отлучался от дворца.

Но Орша нравом был угрюм:
Он не любил придворный шум,
При виде трепетных льстецов
Щипал концы седых усов,
И раз, опричным огорчен,
Так Иоанну молвил он:
«Надежа-царь! пусти меня
На родину — я день от дня
Все старе — даже не могу
Обиду выместить врагу;
Есть много слуг в дворце твоем.
Пусти меня! — мой старый дом
На берегу Днепра крутом
Близ рубежа Литвы чужой
Оброс могильною травой;
Пробудь я здесь еще хоть год,
Он догниет — и упадет;

Дай поклониться мне Днепру...
Там я родился — там умру!»

И он узрел свой старый дом,
Покои темные кругом
Уставил златом и сребром;
Икону в ризе дорогой
В алмазах, в жемчуге, с резьбой
Повесил в каждом он углу,
И запестрелись на полу
Узоры шелковых ковров.
Но лучше царских всех даров
Был божий дар — младая дочь;
Об ней он думал день и ночь,
В его глазах она росла
Свежа, невинна, весела,
Цветок грядущего святой,
Былого памятник живой!
Так средь развалин иногда
Растет береза: молода,
Мила над плитами гробов
Игрою шепчущих листов,
И та холодная стена
Ее красой оживлена!..

Туманно в поле и темно,
Одно лишь светится окно
В боярском доме — как звезда
Сквозь тучи смотрит иногда.
Тяжелый звякнул уж затвор,
Угрюм и пуст широкий двор.
Вот, испытав замки дверей,
С гремучей связкою ключей
К калитке сторож подошел
И взоры на небо возвел:
«А завтра быть грозе большой! —
Сказал, крестясь, старик седой, —
Смотри-ка, молния вдали
Так и доходит до земли,
И белый месяц, как монах,
Завернут в черных облаках;

И воет ветер, будто зверь.
Дай кучу злата мне теперь,
С конюшни лучшего коня
Сейчас седлайте для меня —
Нет, не отъеду от крыльца
Ни для родимого отца!» —
Так рассуждая сам с собой,
Кряхтя, старик пошел домой.
Лишь вдалеке едва гремят
Его ключи — вокруг палат
Все снова тихо и темно,
Одно лишь светится окно.

Все в доме спит — не спит один
Его угрюмый властелин
В покое пышном и большом
На ложе бархатном своем.
Полусгоревшая свеча
Пред ним, сверкая и треща,
Порой на каждый льет предмет
Какой-то странный полусвет,
Висят над ложем образа;
Их ризы блещут, их глаза
Вдруг оживляются, глядят —
Но с чем сравнить подобный взгляд?
Он непонятней и страшней
Всех мертвых и живых очей!
Томит боярина тоска;
Уж поздно. Под окном река
Шумит — и с бурей заодно
Гремучий дождь стучит в окно.
Чернеет тень во всех углах —
И — странно — Оршу обнял страх!
Бывал он в битвах, хоть и стар,
Против поляков и татар,
Слыхал он грозный царский глас,
Встречал и взор, в недобрый час:
Ни разу дух его крутой
Не ослабел перед бедой;
Но тут — он свистнул, и взошел
Любимый раб его, Сокол.

И молвил Орша: «Скучно мне,
Всё думы черные одне.
Садись поближе на скамью
И речью грусть рассей мою...
Пожалуй, сказку ты начни
Про прежние златые дни,
И я, припомнив старину,
Под говор слов твоих засну».

И на скамью присел Сокол,
И речь такую он завел:

«Жил-был за тридевять земель
В тридцатом княжестве отсель
Великий и премудрый царь.
Ни в наше времечко, ни встарь
Никто не видывал пышней
Его палат — и много дней
В веселье жизнь его текла,
Покуда дочь не подросла.

Тот царь был слаб и хил и стар,
А дочь непрочный ведь товар!
Ее, как лучший свой алмаз,
Он скрыл от молодецких глаз;
И на его царевну-дочь
Смотрел лишь день да темна ночь,
И целовать красотку мог
Лишь перелетный ветерок.

И царь тот раза три на дню
Ходил смотреть на дочь свою;
Но вздумал вдруг он в темну ночь
Взглянуть, как спит млада дочь.
Свой ключ серебряный он взял,
Сапожки шелковые снял,
И вот приходит в башню ту,
Где скрыл царевну-красоту!..

Вошел — в светлице тишина;
Дочь сладко спит, но не одна;

Припав на грудь ее главой,
С ней царский конюх молодой.
И прогневился царь тогда,
И повелел он без суда
Их вместе в бочку засмолить
И в сине море укатить...»

И быстро на устах раба,
Как будто тайная борьба
В то время совершалась в нем,
Улыбка вспыхнула — потом
Он очи на небо возвел,
Вздохнул и смолк. «Ступай, Сокол! —
Махнув дрожащею рукой,
Сказал боярин, — в час иной
Расскажешь сказку до конца
Про оскорбленного отца!»

И по морщинам старика,
Как тени облака, слегка
Промчались тени черных дум,
Встревоженный и быстрый ум
Вблизи предвидел много бед.
Он жил: он знал людей и свет,
Он злом не мог быть удивлен;
Добру ж давно не верил он,
Не верил, только потому
Что верил некогда всему!

И вспыхнул в нем остаток сил,
Он с ложа мягкого вскочил,
Соболью шубу на плеча
Накинул он — в руке свеча,
И вот, дрожа, идет скорей
К светлице дочери своей.
Ступени лестницы крутой
Под тяжкою его стопой
Скрыпят — и свечка раза два
Из рук не выпала едва.

Он видит, няня в уголке
Сидит на старом сундуке

И спит глубоко и порой
Во сне качает головой;
На ней, предчувствием объят,
На миг он удержал свой взгляд
И мимо — но послыша стук,
Старуха пробудилась вдруг,
Перекрестилась, и потом
Опять заснула крепким сном,
И, занята своей мечтой,
Вновь закачала головой.

Стоит боярин у дверей
Светлицы дочери своей.
И чутким ухом он приник
К замку — и думает старик;
«Нет! непорочна дочь моя,
А ты, Сокол, ты раб, змея,
За дерзкий, хитрый свой намек
Получишь гибельный урок!»
Но вдруг... о горе, о позор!
Он слышит тихий разговор!..

1-й голос
О! погоди, Арсений мой!
Вчера ты был совсем другой.
День без меня — и миг со мной?..

2-й голос
Не плачь... утешься! — близок час
И будет мир ничто для нас.
В чужой, но близкой стороне
Мы будем счастливы одне,
И не раба обнимешь ты
Среди полночной темноты.
С тех пор, ты помнишь, как чернец
Меня привез, и твой отец
Вручил ему свой кошелек,
С тех пор задумчив, одинок,
Тоской по вольности томим,
Но нежным голосом твоим
И блеском ангельских очей

Прикован у тюрьмы моей,
Задумал я свой край родной
Навек оставить, но с тобой!..
И скоро я в лесах чужих
Нашел товарищей лихих,
Бесстрашных, твердых, как булат.
Людской закон для них не свят,
Война их рай, а мир их ад.
Я отдал душу им в заклад.

Но ты моя — и я богат!..
И голоса замолкли вдруг.
И слышит Орша тихий звук,
Звук поцелуя... и другой...
Он вспыхнул, дверь толкнул рукой
И исступленный и немой
Предстал пред бледною четой...

Боярин сделал шаг назад,
На дочь он кинул злобный взгляд,
Глаза их встретились — и вмиг
Мучительный, ужасный крик
Раздался, пролетел — и стих.
И тот, кто крик сей услыхал,
Подумал, верно, иль сказал,
Что дважды из груди одной
Не вылетает звук такой.
И тяжко на цветной ковер,
Как труп бездушный с давних пор,
Упало что-то. И на зов
Боярина толпа рабов,
Во всем послушная орда,
Шумя сбежалася тогда,
И без усилий, без борьбы
Схватили юношу рабы.

Нем и недвижим он стоял,
Покуда крепко обвивал
Все члены, как змея, канат;
В них проникал могильный хлад,

И сердце громко билось в нем
Тоской, отчаяньем, стыдом.

Когда ж безумца увели
И шум шагов умолк вдали,
И с ним остался лишь Сокол,
Боярин к двери подошел;
В последний раз в нее взглянул,
Не вздрогнул, даже не вздохнул
И трижды ключ перевернул
В ее заржавленном замке...
Но... ключ дрожал в его руке!
Потом он отворил окно:
Все было на небе темно,
А под окном меж диких скал
Днепр беспокойный бушевал.
И в волны ключ от двери той
Он бросил сильною рукой,
И тихо ключ тот роковой
Был принят хладною рекой.

Тогда, решив свою судьбу,
Боярин верному рабу
На волны молча указал,
И тот поклоном отвечал...
И через час уж в доме том
Все спало снова крепким сном,
И только не спал в нем один
Его угрюмый властелин.

Глава II

The rest thou dost already know,
And all my sins, and half mu woe,
But talk no more of penitence...
Byron

Остальное тебе уже известно,
И грехи мои — целиком, и скорбь моя — наполовину,

Но не говори мне более о покаянии...
Байрон (англ.)

Народ кипит в монастыре;
У врат святых и на дворе
Рабы боярские стоят.
Их копья медные горят,
Их шапки длинные кругом
Опушены густым бобром;
За кушаком блестят у них
Ножны кинжалов дорогих.
Меж них стремянный молодой,
За гриву правою рукой
Держа боярского коня,
Стоит; по временам, звеня,
Стремена бьются о бока;
Истерт ногами седока
В пыли малиновый чепрак;
Весь в мыле серый аргамак,
Мотает гривою густой,
Бьет землю жилистой ногой,
Грызет с досады удила,
И пена легкая, бела,
Чиста, как первый снег в полях,
С железа падает на прах.

Но вот обедня отошла,
Гудят, ревут колокола;
Вот слышно пенье — из дверей
Мелькает длинный ряд свечей;
Вослед игумену-отцу
Монахи сходят по крыльцу
И прямо в трапезу идут:
Там грозный суд, последний суд
Произнесет отец святой
Над бедной грешной головой!

Безмолвна трапеза была.
К стене налево два стола

И пышных кресел полукруг,
Изделье иноческих рук,
Блистали тканью парчевой;
В большие окна свет дневной,
Врываясь белой полосой,
Дробяся в искры по стеклу,
Играл на каменном полу.
Резьбою мелкою стена
Была искусно убрана,
И на двери в кружках златых
Блистали образа святых.
Тяжелый, низкий потолок
Расписывал как знал, как мог
Усердный инок... жалкий труд!
Отнявший множество минут
У бога, дум святых и дел:
Искусства горестный удел!..

На мягких креслах пред столом
Сидел в бездействии немом
Боярин Орша. Иногда
Усы седые, борода,
С игривым встретившись лучом,
Вдруг отливали серебром,
И часто кудри старика
От дуновенья ветерка
Приподымалися слегка.
Движеньем пасмурных очей
Нередко он искал дверей,
И в нетерпении порой
Он по столу стучал рукой.
В конце противном залы той
Один, в цепях, к нему спиной,
Покрыт одеждою раба,
Стоял Арсений у столба.
Но в молодом лице его
Вы не нашли б ни одного
Из чувств, которых смутный рой
Кружится, вьется над душой
В час расставания с землей.
Хотел ли он перед врагом
Предстать с бесчувственным челом,

С холодной важностью лица
И мстить хоть этим до конца?
Иль он невольно в этот миг
Глубокой мыслию постиг,
Что он в цепи существ давно
Едва ль не лишнее звено?..
Задумчив, он смотрел в окно
На голубые небеса;
Его манила их краса;
И кудри легких облаков,
Небес серебряный покров,
Неслись свободно, быстро там,
Кидая тени по холмам;
И он увидел; у окна,
Заботой резвою полна,
Летала ласточка — то вниз,
То вверх под каменный карниз
Кидалась с дивной быстротой
И в щели пряталась сырой;
То, взвившись на небо стрелой,
Тонула в пламенных лучах...
И он вздохнул о прежних днях,
Когда он жил, страстям чужой,
С природой жизнию одной.
Блеснули тусклые глаза,
Но это блеск был — не слеза;
Он улыбнулся, но жесток
В его улыбке был упрек!

И вдруг раздался звук шагов,
Невнятный говор голосов,
Скрып отворяемых дверей...
Они! — взошли! — толпа людей
В высоких, черных клобуках,
С свечами длинными в руках.
Согбенный тягостью вериг
Пред ними шел слепой старик,
Отец игумен. Сорок лет
Уж он не знал, что божий свет;
Но ум его был юн, богат,
Как сорок лет тому назад.

Он шел, склонясь на посох свой,
И крест держал перед собой;
И крест осыпан был кругом
Алмазами и жемчугом.
И трость игумена была
Слоновой кости, так бела,
Что лишь с седой его брадой
Могла равняться белизной.

Перекрестясь, он важно сел,
И пленника подвесть велел,
И одного из чернецов
Позвал по имени — суров
И холоден был вид лица
Того святого чернеца.
Потом игумен, наклонясь,
Сказал боярину, смеясь,
Два слова на ухо. В ответ
На сей вопрос или совет
Кивнул боярин головой...
И вот слепец махнул рукой!
И понял данный знак монах,
Укор готовый на устах
Словами книжными убрал
И так преступнику вещал:
«Безумный, бренный сын земли!
Злой дух и страсти привели
Тебя медовою тропой
К границе жизни сей земной.
Грешил ты много, но из всех
Грехов страшней последний грех.
Простить не может суд земной,
Но в небе есть судья иной:
Он милосерд — ему теперь
При нас дела свои поверь!»

Арсений

Ты слушать исповедь мою
Сюда пришел! — благодарю.
Не понимаю, что была
У вас за мысль? — мои дела

И без меня ты должен знать,
А душу можно ль рассказать?
И если б мог я эту грудь
Перед тобою развернуть,
Ты, верно, не прочел бы в ней,
Что я бессовестный злодей!
Пусть монастырский ваш закон
Рукою бога утвержден,
Но в этом сердце есть другой,
Ему не менее святой:
Он оправдал меня — один
Он сердца полный властелин!
Когда б сквозь бедный мой наряд
Не проникал до сердца яд,
Тогда я был бы виноват.
Но всех равно влечет судьба:
И под одеждою раба,
Но полный жизнью молодой,
Я человек, как и другой.
И ты, и ты, слепой старик,
Когда б ее небесный лик
Тебе явился хоть во сне,
Ты позавидовал бы мне;
И в исступленье, может быть,
Решился б также согрешить,
И клятвы б грозные забыл,
И перенесть бы счастлив был
За слово, ласку или взор
Мое мученье, мой позор!..

Орша

Не поминай теперь об ней;
Напрасно!.. у груди моей,
Хоть ныне поздно вижу я,
Согрелась, выросла змея!..
Но ты заплатишь мне теперь
За хлеб и соль мою, поверь.
За сердце ж дочери моей
Я заплачу тебе, злодей,
Тебе, найденыш без креста,
Презренный раб и сирота!..

Арсений

Ты прав... не знаю, где рожден!
Кто мой отец, и жив ли он?
Не знаю... люди говорят,
Что я тобой ребенком взят,
И был я отдан с ранних пор
Под строгий иноков надзор,
И вырос в тесных я стенах
Душой дитя — судьбой монах!
Никто не смел мне здесь сказать
Священных слов: «отец» и «мать»!
Конечно, ты хотел, старик,
Чтоб я в обители отвык
От этих сладостных имен?
Напрасно: звук их был рожден
Со мной. Я видел у других
Отчизну, дом, друзей, родных,
А у себя не находил
Не только милых душ — могил!
Но нынче сам я не хочу
Предать их имя палачу
И все, что славно было б в нем,
Облить и кровью и стыдом:
Умру, как жил, твоим рабом!..
Нет, не грози, отец святой;
Чего бояться нам с тобой?
Обоих нас могила ждет...
Не все ль равно, что день, что год?
Никто уж нам не господин;
Ты в рай, я в ад — но путь один!
С тех пор, как длится жизнь моя,
Два раза был свободен я:
Последний ныне. В первый раз,
Когда я жил еще у вас,
Среди молитв и пыльных книг,
Пришло мне в мысли хоть на миг
Взглянуть на пышные поля,
Узнать, прекрасна ли земля,
Узнать, для воли иль тюрьмы
На этот свет родимся мы!
И в час ночной, в ужасный час,

Когда гроза пугала вас,
Когда, столпясь при алтаре,
Вы ниц лежали на земле,
При блеске молний роковых
Я убежал из стен святых;
Боязнь с одеждой кинул прочь,
Благословил и хлад и ночь,
Забыл печали бытия
И бурю братом назвал я.
Восторгом бешеным объят,
С ней унестись я был бы рад,
Глазами тучи я следил,
Рукою молнию ловил!
О старец, что средь этих стен
Могли бы дать вы мне взамен
Той дружбы краткой, но живой
Меж бурным сердцем и грозой?..

Игумен
На что нам знать твои мечты?
Не для того пред нами ты!
В другом ты ныне обвинен,
И хочет истины закон.
Открой же нам друзей своих,
Убийц, разбойников ночных,
Которых страшные дела
Смывает кровь и кроет мгла,
С которыми, забывши честь,
Ты мнил несчастную увезть.

Арсений
Мне их назвать? Отец святой,
Вот что умрет во мне, со мной.
О нет, их тайну — не мою —
Я неизменно сохраню,
Пока земля в урочный час
Как двух друзей не примет нас.
Пытай железом и огнем,
Я не признаюся ни в чем;
И если хоть минутный крик
Изменит мне... тогда, старик,
Я вырву слабый мой язык!..

Монах
Страшись упорствовать, глупец!
К чему? уж близок твой конец,
Скорее тайну нам предай.
За гробом есть и ад и рай,
И вечность в том или другом!..

Арсений
Послушай, я забылся сном
Вчера в темнице. Слышу вдруг
Я приближающийся звук,
Знакомый, милый разговор,
И будто вижу ясный взор...
И, пробудясь во тьме, скорей
Ищу тех звуков, тех очей...
Увы! они в груди моей!
Они на сердце, как печать,
Чтоб я не смел их забывать,
И жгут его, и вновь живят...
Они мой рай, они мой ад!
Для вспоминания об них
Жизнь — ничего, а вечность — миг!

Игумен
Богохулитель, удержись!
Пади на землю, плачь, молись,
Прими святую в грудь боязнь...
Мечтанья злые — божья казнь!
Молись ему...

Арсений
Напрасный труд!
Не говори, что божий суд
Определяет мне конец:
Всё люди, люди, мой отец!
Пускай умру... но смерть моя
Не продолжит их бытия,
И дни грядущие мои
Им не присвоить — и в крови,
Неправой казнью пролитой,
В крови безумца молодой

Им разогреть не суждено
Сердца, увядшие давно;
И гроб без камня и креста,
Как жизнь их ни была свята,
Не будет слабым их ногам
Ступенью новой к небесам;
И тень несчастного, поверь,
Не отопрет им рая дверь!..
Меня могила не страшит:
Там, говорят, страданье спит
В холодной, вечной тишине,
Но с жизнью жаль расстаться мне!
Я молод, молод — знал ли ты,
Что́ значит молодость, мечты?
Или не знал? Или забыл,
Как ненавидел и любил?
Как сердце билося живей
При виде солнца и полей
С высокой башни угловой,
Где воздух свеж и где порой
В глубокой трещине стены,
Дитя неведомой страны,
Прижавшись, голубь молодой
Сидит, испуганный грозой?..
Пускай теперь прекрасный свет
Тебе постыл... ты слеп, ты сед,
И от желаний ты отвык...
Что за нужда? ты жил, старик;
Тебе есть в мире что забыть,
Ты жил — я также мог бы жить!..

Но тут игумен с места встал,
Речь нечестивую прервал,
И негодуя все вокруг
На гордый вид и гордый дух,
Столь непреклонный пред судьбой,
Шептались грозно меж собой,
И слово «пытка» там и там
Вмиг пробежало по устам;
Но узник был невозмутим,
Бесчувственно внимал он им.

Так бурей брошен на песок,
Худой, увязнувший челнок,
Лишенный весел и гребцов,
Недвижим ждет напор валов,

...Светает. В поле тишина.
Густой туман, как пелена
С посеребренною каймой,
Клубится над Днепром-рекой.
И сквозь него высокий бор,
Рассыпанный по скату гор,
Безмолвно смотрится в реке,
Едва чернея вдалеке.
И из-за тех густых лесов
Выходят стаи облаков,
А из-за них, огнем горя,
Выходит красная заря.
Блестят кресты монастыря;
По длинным башням и стенам
И по расписанным вратам
Прекрасный, чистый и живой,
Как счастье жизни молодой,
Играет луч ее златой.

Унылый звон колоколов
Созвал уж в храм святых отцов;
Уж дым кадил между столбов,
Вился струей, и хор звучал...
Вдруг в церковь служка прибежал,
Отцу игумену шепнул
Он что-то скоро — тот вздрогнул
И молвил: «Где же казначей?
Поди спроси его скорей,
Не затерял ли он ключей!»
И казначей из алтаря
Пришел, дрожа и говоря,
Что все ключи еще при нем,
Что не виновен он ни в чем!
Засуетились чернецы,
Забегали во все концы,
И свод нередко повторял

Слова: бежал! кто? как бежал?
И в монастырскую тюрьму
Пошли один по одному,
Загадкой мучаясь простой,
Жильцы обители святой!..

Пришли, глядят: распилена
Решетка узкого окна,
Во рву притоптанный песок
Хранил следы различных ног;
Забытый на песке лежал
Стальной, зазубренный кинжал,
И польский шелковый кушак
Изорван, скручен кое-как,
К ветвям березы под окном
Привязан крепким был узлом.

Пошли прилежно по следам:
Они вели к Днепру — и там
Могли заметить на мели
Рубец отчалившей ладьи.
Вблизи, на прутьях тростника
Лоскут того же кушака
Висел в воде одним концом,
Колеблем ранним ветерком.

«Бежал! Но кто ж ему помог?
Конечно, люди, а не бог!..
И где же он нашел друзей?
Знать, точно он большой злодей!» —
Так, собираясь, меж собой
Твердили иноки порой.

Глава III

'Tis he! 'tis he! I know him now;
I know him by his pallid brow...
Byron

Это он, это он! Я теперь узнаю его;
Я узнаю его по бледному челу...
Байрон

Зима! из глубины снегов
Встают, чернея, пни дерёв,
Как призраки, склонясь челом
Над замерзающим Днепром.
Глядится тусклый день в стекло
Прозрачных льдин — и занесло
Овраги снегом. На заре
Лишь заяц крадется к норе
И, прыгая назад, вперед,
Свой след запутанный кладет;
Да иногда, во тьме ночной,
Раздастся псов протяжный вой,
Когда, голодный и худой,
Обходит волк вокруг гумна.
И если в поле тишина,
То даже слышны издали
Его тяжелые шаги,
И скрып, и щелканье зубов;
И каждый вечер меж кустов
Сто ярких глаз, как свечи в ряд,
Во мраке прыгают, блестят...

Но вьюги зимней не страшась,
Однажды в ранний утра час
Боярин Орша дал приказ
Собраться челяди своей,
Точить ножи, седлать коней;
И разнеслась везде молва,
Что беспокойная Литва
С толпою дерзких воевод
На землю русскую идет.
От войска русского гонцы
Во все помчалися концы.
Зовут бояр и их людей
На славный пир — на пир мечей!

Садится Орша на коня,
Дал знак рукой гремя, звеня,
Средь вопля женщин и детей
Все повскакали на коней,
И каждый с знаменьем креста
За ним проехал в ворота;
Лишь он, безмолвный, не крестясь,
Как бусурман, татарский князь,
К своим приближась воротам,
Возвел глаза — не к небесам;
Возвел он их на терем тот,
Где прежде жил он без забот,
Где нынче ветер лишь живет
И где, качая изредка
Дверь без ключа и без замка,
Как мать качает колыбель,
Поет гульливая метель!..

***

Умчался дале шумный бой,
Оставя след багровый свой...
Между поверженных коней,
Обломков копий и мечей
В то время всадник разъезжал;
Чего-то, мнилось, он искал,
То низко голову склоня,
До гривы черного коня,
То вдруг привстав на стременах...
Кто ж он? не русский! и не лях —
Хоть платье польское на нем
Пестрело ярко серебром,
Хоть сабля польская, звеня,
Стучала по ребрам коня!
Чела крутого смуглый цвет,
Глаза, в которых мрак и свет
В борьбе сменялися не раз,
Почти могли б уверить вас,
Что в нем кипела кровь татар...
Он был не молод — и не стар.
Но, рассмотрев его черты,

Не чуждые той красоты
Невыразимой, но живой,
Которой блеск печальный свой
Мысль неизменная дала,
Где все что есть добра и зла
В душе, прикованной к земле,
Отражено как на стекле, —
Вздохнувши, всякий бы сказал,
Что жил он меньше, чем страдал.

Среди долины был курган.
Корнистый дуб, как великан,
Его пятою попирал
И горделиво расстилал
Над ним по прихоти своей
Шатер чернеющих ветвей.
Тут бой ужасный закипел,
Тут и затих. Громада тел,
Обезображенных мечом,
Пестрела на кургане том,
И снег, окрашенный в крови,
Кой-где протаял до земли;
Кора на дубе вековом
Была изрублена кругом,
И кровь на ней видна была,
Как будто бы она текла
Из глубины сих новых ран...
И всадник взъехал на курган,
Потом с коня он соскочил
И так в раздумье говорил:
«Вот место — мертвый иль живой
Он здесь... вот дуб — к нему спиной
Прижавшись, бешеный старик
Рубился — видел я хоть миг,
Как, окружен со всех сторон,
С пятью рабами бился он,
И дорого тебе, Литва,
Досталась эта голова!..
Здесь сквозь толпу, издалека
Я видел, как его рука
Три раза с саблей поднялась

И опустилась — каждый раз,
Когда она являлась вновь,
По ней ручьем бежала кровь...
Четвертый взмах я долго ждал!
Но с поля он не побежал,
Не мог бежать, хотя б желал!..»
И вдруг он внемлет слабый стон,
Подходит, смотрит: «Это он!»
Главу, омытую в крови,
Боярин приподнял с земли
И слабым голосом сказал:
«И я узнал тебя! узнал!
Ни время, ни чужой наряд
Не изменят зловещий взгляд
И это бледное чело,
Где преступление и зло
Печать оставили свою.
Арсений! Так, я узнаю,
Хотя могилы на краю,
Улыбку прежнюю твою
И в ней шипящую змею!
Я узнаю и голос твой
Меж звуков стороны чужой,
Которыми ты, может быть,
Его желаешь изменить.
Твой умысел постиг я весь,
Я знаю, для чего ты здесь.
Но верный родине моей,
Не отверну теперь очей,
Хоть ты б желал, изменник-лях,
Прочесть в них близкой смерти страх,
И сожаленье, и печаль...
Но знай, что жизни мне не жаль,
А жаль лишь то, что час мой бил,
Покуда я не отомстил;
Что не могу поднять меча,
Что на руках моих, с плеча
Омытых кровью до локтей
Злодеев родины моей,
Ни капли крови нет твоей!..»

«Старик! о прежнем позабудь...
Взгляни сюда, на эту грудь,
Она не в ранах, как твоя,
Но в ней живет тоска-змея!
Ты отомщен вполне, давно,
А кем и как — не все ль равно?
Но лучше мне скажи, молю,
Где отыщу я дочь твою?
От рук врагов земли твоей,
Их поцелуев и мечей,
Хоть сам теперь меж ними я,
Ее спасти я поклялся!»

«Скачи скорей в мой старый дом.
Там дочь моя; ни ночь, ни днем
Не ест, не спит, все ждет да ждет,
Покуда милый не придет!
Спеши... уж близок мой конец,
Теперь обиженный отец
Для вас лишь страшен как мертвец!»
Он дальше говорить хотел,
Но вдруг язык оцепенел;
Он сделать знак хотел рукой,
Но пальцы сжались меж собой.
Тень смерти мрачной полосой
Промчалась на его челе;
Он обернул лицо к земле,
Вдруг протянулся, захрипел,
И — дух от тела отлетел!

К нему Арсений подошел,
И руки сжатые развел,
И поднял голову с земли:
Две яркие слезы текли
Из побелевших мутных глаз,
Собой лишь светлы, как алмаз.
Спокойны были все черты,
Исполнены той красоты,
Лишенной чувства и ума,
Таинственной, как смерть сама.

И долго юноша над ним
Стоял, раскаяньем томим,
Невольно мысля о былом,
Прощая — не прощен ни в чем!
И на груди его потом
Он тихо распахнул кафтан:
Старинных и последних ран
На ней кровавые следы
Вились, чернели, как бразды.
Он руку к сердцу приложил,
И трепет замиравших жил
Ему неясно возвестил,
Что в буйном сердце мертвеца
Кипели страсти до конца,
Что блеск печальный этих глаз
Гораздо прежде их погас!..

Уж время шло к закату дня,
И сел Арсений на коня,
Стальные шпоры он в бока
Ему вонзил — и в два прыжка
От места битвы роковой
Он был далеко.
Пеленой
Широкою за ним луга
Тянулись: яркие снега
При свете косвенных лучей
Сверкали тысячью огней.
Пред ним стеной знакомый лес
Чернеет на краю небес;
Под сень дерев въезжает он:
Все тихо, всюду мертвый сон,
Лишь иногда с седого пня,
Послыша близкий храп коня,
Тяжелый ворон, царь степной,
Слетит и сядет на другой,
Свой кровожадный чистя клев
О сучья жесткие дерев;
Лишь отдаленный вой волков,
Бегущих жадною толпой
На место битвы роковой,

Терялся в тишине степей...
Сыпучий иней вкруг ветвей
Берез и сосен, над путем
Прозрачным свившихся шатром,
Висел косматой бахромой;
И часто, шапкой иль рукой
Когда за них он задевал,
Прах серебристый осыпал
Его лицо... и быстро он
Скакал, в раздумье погружен.
Измучил непривычный бег
Его коня — в глубокий снег
Он вязнет часто... труден путь!
Как печь, его дымится грудь,
От нетерпенья седока
В крови и пене все бока.
Но близко, близко... вот и дом
На берегу Днепра крутом
Пред ним встает из-за горы,
Заборы, избы и дворы
Приветливо между собой
Теснятся пестрою толпой,
Лишь дом боярский между них,
Как призрак, сумрачен и тих!..

Он въехал на широкий двор.
Все пусто... будто глад иль мор
Недавно пировали в нем.
Он слез с коня, идет пешком...
Толпа играющих детей,
Испуганных огнем очей,
Одеждой чуждой пришлеца
И бледностью его лица,
Его встречает у крыльца
И с криком убегает прочь...
Он входит в дом — в покоях ночь,
Закрыты ставни, пол скрыпит,
Пустая утварь дребезжит
На старых полках; лишь порой
Широкой, белой полосой
Рисуясь на печи большой,

Проходит в трещину ставней
Холодный свет дневных лучей!

И лестницу Арсений зрит
Сквозь сумрак; он бежит, летит
Наверх, по шатким ступеням.
Вот свет блеснул его очам,
Пред ним замерзшее окно:
Оно давно растворено,
Сугробом собрался большим
Снег, не растаявший под ним.
Увы! знакомые места!
Налево дверь — но заперта.
Как кровью, ржавчиной покрыт,
Большой замок на ней висит,
И, вынув нож из кушака,
Он всунул в скважину замка,
И, затрещав, распался тот...
И тихо дверь толкнув вперед,
Он входит робкою стопой
В светлицу девы молодой.

Он руки с трепетом простер,
Он ищет взором милый взор,
И слабый шепчет он привет:
На взгляд, на речь ответа нет!
Однако смято ложе сна,
Как будто бы на нем она
Тому назад лишь день, лишь час
Главу покоила не раз,
Младенческий вкушая сон.
Но, приближаясь, видит он
На тонких белых кружевах
Чернеющий слоями прах,
И ткани паутин седых
Вкруг занавесок парчевых.

Тогда в окно светлицы той
Упал заката луч златой,
Играя, на ковер цветной;
Арсений голову склонил...

Но вдруг затрясся, отскочил
И вскрикнул, будто на змею
Поставил он пяту свою...
Увы! теперь он был бы рад,
Когда б быстрей, чем мысль иль взгляд,
В него проник смертельный яд!..

Громаду белую костей
И желтый череп без очей
С улыбкой вечной и немой —
Вот что узрел он пред собой.
Густая, длинная коса,
Плеч беломраморных краса,
Рассыпавшись, к сухим костям
Кой-где прилипнула... и там,
Где сердце чистое такой
Любовью билось огневой,
Давно без пищи уж бродил
Кровавый червь — жилец могил!
«Так вот все то, что я любил!
Холодный и бездушный прах,
Горевший на моих устах,
Теперь без чувства, без любви
Сожмут объятия земли.
Душа прекрасная ее,
Приняв другое бытие,
Теперь парит в стране святой,
И как укор передо мной
Ее минутной жизни след!
Она погибла в цвете лет
Средь тайных мук иль без тревог,
Когда и как, то знает бог.
Он был отец — но был мой враг:
Тому свидетель этот прах,
Лишенный сени гробовой,
На свете признанный лишь мной!

Да, я преступник, я злодей —
Но казнь равна ль вине моей?
Ни на земле, ни в свете том
Нам не сойтись одним путем...

Разлуки первый грозный час
Стал веком, вечностью для нас,
О, если б рай передо мной
Открыт был властью неземной,
Клянусь, я прежде, чем вступил,
У врат священных бы спросил,
Найду ли там среди святых
Погибший рай надежд моих.
Творец! отдай ты мне назад
Ее улыбку, нежный взгляд,
Отдай мне свежие уста
И голос сладкий, как мечта,
Один лишь слабый звук отдай...
Что без нее земля и рай?
Одни лишь звучные слова,
Блестящий храм — без божества!..

Теперь осталось мне одно:
Иду! — куда? не все ль равно,
Та иль другая сторона?
Здесь прах ее, но не она!
Иду отсюда навсегда
Без дум, без цели и труда,
Один с тоской во тьме ночной,
И вьюга след завеет мой!..»

БЕГЛЕЦ

Горская легенда

Гарун бежал быстрее лани,
Быстрей, чем заяц от орла;
Бежал он в страхе с поля брани,
Где кровь черкесская текла;
Отец и два родные брата
За честь и вольность там легли,

И под пятой у супостата
Лежат их головы в пыли.
Их кровь течет и просит мщенья,
Гарун забыл свой долг и стыд;

Он растерял в пылу сраженья
Винтовку, шашку — и бежит! —

И скрылся день; клубясь, туманы
Одели темные поляны
Широкой белой пеленой;
Пахнуло холодом с востока,
И над пустынею пророка
Встал тихо месяц золотой...

Усталый, жаждою томимый,
С лица стирая кровь и пот,
Гарун меж скал аул родимый
При лунном свете узнает;
Подкрался он, никем не зримый...
Кругом молчанье и покой,
С кровавой битвы невредимый
Лишь он один пришел домой.

И к сакле он спешит знакомой,
Там блещет свет, хозяин дома;
Скрепясь душой как только мог,
Гарун ступил через порог;
Селима звал он прежде другом,
Селим пришельца не узнал;
На ложе, мучимый недугом, —
Один, — он молча умирал...
«Велик аллах! от злой отравы
Он светлым ангелам своим
Велел беречь тебя для славы!»
— «Что нового?» — спросил Селим,
Подняв слабеющие вежды,
И взор блеснул огнем надежды!..
И он привстал, и кровь бойца
Вновь разыгралась в час конца.
«Два дня мы билися в теснине;

Отец мой пал, и братья с ним;
И скрылся я один в пустыне,
Как зверь преследуем, гоним,
С окровавленными ногами
От острых камней и кустов,
Я шел безвестными тропами
По следу вепрей и волков.
Черкесы гибнут — враг повсюду.

Прими меня, мой старый друг;
И вот пророк! твоих услуг
Я до могилы не забуду!..»
И умирающий в ответ:
«Ступай — достоин ты презренья.
Ни крова, ни благословенья
Здесь у меня для труса нет!..»
Стыда и тайной муки полный,
Без гнева вытерпев упрек,
Ступил опять Гарун безмолвный
За неприветливый порог.

И, саклю новую минуя,
На миг остановился он,
И прежних дней летучий сон
Вдруг обдал жаром поцелуя
Его холодное чело.
И стало сладко и светло
Его душе; во мраке ночи,
Казалось, пламенные очи
Блеснули ласково пред ним,
И он подумал: я любим,
Она лишь мной живет и дышит…
И хочет он взойти — и слышит,
И слышит песню старины…
И стал Гарун бледней луны:

Месяц плывет
Тих и спокоен,
А юноша воин
На битву идет.
Ружье заряжает джигит,

А дева ему говорит:
Мой милый, смелее
Вверяйся ты року,
Молися востоку,
Будь верен пророку,
Будь славе вернее.
Своим изменивший
Изменой кровавой,
Врага не сразивши,
Погибнет без славы,

Дожди его ран не обмоют,
И звери костей не зароют.
Месяц плывет
И тих и спокоен,
А юноша воин
На битву идет.
Главой поникнув, с быстротою
Гарун свой продолжает путь,
И крупная слеза порою
С ресницы падает на грудь…

Но вот от бури наклоненный
Пред ним родной белеет дом;
Надеждой снова ободренный,
Гарун стучится под окном.
Там, верно, теплые молитвы
Восходят к небу за него,
Старуха мать ждет сына с битвы,
Но ждет его не одного!..
«Мать, отвори! я странник бедный,
Я твой Гарун! твой младший сын;
Сквозь пули русские безвредно
Пришел к тебе!»
— «Один?»
— «Один!..»
— «А где отец и братья?»
— «Пали!
Пророк их смерть благословил,
И ангелы их души взяли».
— «Ты отомстил?»

— «Не отомстил…
Но я стрелой пустился в горы,
Оставил меч в чужом краю,
Чтобы твои утешить взоры
И утереть слезу твою…»
— «Молчи, молчи! гяур лукавый,
Ты умереть не мог со славой,
Так удались, живи один.
Твоим стыдом, беглец свободы,
Не омрачу я стары годы,
Ты раб и трус — и мне не сын!..»
Умолкло слово отверженья,

И всё кругом объято сном.
Проклятья, стоны и моленья
Звучали долго под окном;
И наконец удар кинжала
Пресек несчастного позор…
И мать поутру увидала…
И хладно отвернула взор.
И труп, от праведных изгнанный,
Никто к кладбищу не отнес,
И кровь с его глубокой раны
Лизал, рыча, домашний пес;
Ребята малые ругались
Над хладным телом мертвеца,
В преданьях вольности остались
Позор и гибель беглеца.
Душа его от глаз пророка
Со страхом удалилась прочь;
И тень его в горах востока
Поныне бродит в темну ночь,
И под окном поутру рано
Он в сакли просится, стуча,
Но, внемля громкий стих Корана,
Бежит опять под сень тумана,
Как прежде бегал от меча.

МЦЫРИ

1

Немного лет тому назад,
Там, где, сливаяся, шумят,
Обнявшись, будто две сестры,
Струи Арагвы и Куры,
Был монастырь. Из-за горы
И нынче видит пешеход
Столбы обрушенных ворот,
И башни, и церковный свод;
Но не курится уж под ним
Кадильниц благовонный дым,
Не слышно пенье в поздний час
Молящих иноков за нас.
Теперь один старик седой,
Развалин страж полуживой,
Людьми и смертию забыт,
Сметает пыль с могильных плит,
Которых надпись говорит
О славе прошлой — и о том,
Как, удручен своим венцом,
Такой-то царь, в такой-то год,
Вручал России свой народ.

И божья благодать сошла
На Грузию! Она цвела
С тех пор в тени своих садов,
Не опасаяся врагов,
За гранью дружеских штыков.

2

Однажды русский генерал
Из гор к Тифлису проезжал;
Ребёнка пленного он вёз.
Тот занемог, не перенёс
Трудов далекого пути;
Он был, казалось, лет шести,

Как серна гор, пуглив и дик
И слаб и гибок, как тростник.
Но в нём мучительный недуг
Развил тогда могучий дух
Его отцов. Без жалоб он
Томился, даже слабый стон
Из детских губ не вылетал,
Он знаком пищу отвергал
И тихо, гордо умирал.
Из жалости один монах
Больного призрел, и в стенах
Хранительных остался он,
Искусством дружеским спасён.
Но, чужд ребяческих утех,
Сначала бегал он от всех,
Бродил безмолвен, одинок,
Смотрел, вздыхая, на восток,
Гоним неясною тоской
По стороне своей родной.
Но после к плену он привык,
Стал понимать чужой язык,
Был окрещён святым отцом
И, с шумным светом незнаком,
Уже хотел во цвете лет
Изречь монашеский обет,
Как вдруг однажды он исчез
Осенней ночью. Тёмный лес
Тянулся по горам кругом.
Три дня все поиски по нем
Напрасны были, но потом
Его в степи без чувств нашли
И вновь в обитель принесли.
Он страшно бледен был и худ
И слаб, как будто долгий труд,
Болезнь иль голод испытал.
Он на допрос не отвечал
И с каждым днём приметно вял.
И близок стал его конец;
Тогда пришел к нему чернец
С увещеваньем и мольбой;
И, гордо выслушав, больной

Привстал, собрав остаток сил,
И долго так он говорил:

3

«Ты слушать исповедь мою
Сюда пришёл, благодарю.
Всё лучше перед кем-нибудь
Словами облегчить мне грудь;
Но людям я не делал зла,
И потому мои дела
Немного пользы вам узнать,
А душу можно ль рассказать?
Я мало жил, и жил в плену.
Таких две жизни за одну,
Но только полную тревог,
Я променял бы, если б мог.
Я знал одной лишь думы власть,
Одну — но пламенную страсть:
Она, как червь, во мне жила,
Изгрызла душу и сожгла.
Она мечты мои звала
От келий душных и молитв
В тот чудный мир тревог и битв,
Где в тучах прячутся скалы,
Где люди вольны, как орлы.
Я эту страсть во тьме ночной
Вскормил слезами и тоской;
Её пред небом и землей
Я ныне громко признаю
И о прощенье не молю.

4

Старик! я слышал много раз,
Что ты меня от смерти спас —
Зачем?.. Угрюм и одинок,
Грозой оторванный листок,
Я вырос в сумрачных стенах
Душой дитя, судьбой монах.
Я никому не мог сказать

Священных слов «отец» и «мать».
Конечно, ты хотел, старик,
Чтоб я в обители отвык
От этих сладостных имён, —
Напрасно: звук их был рождён
Со мной. И видел у других
Отчизну, дом, друзей, родных,
А у себя не находил
Не только милых душ — могил!
Тогда, пустых не тратя слёз,
В душе я клятву произнёс:
Хотя на миг когда-нибудь
Мою пылающую грудь
Прижать с тоской к груди другой,
Хоть незнакомой, но родной.
Увы! теперь мечтанья те
Погибли в полной красоте,
И я как жил, в земле чужой
Умру рабом и сиротой.

5

Меня могила не страшит:
Там, говорят, страданье спит
В холодной вечной тишине;
Но с жизнью жаль расстаться мне.
Я молод, молод… Знал ли ты
Разгульной юности мечты?
Или не знал, или забыл,
Как ненавидел и любил;
Как сердце билося живей
При виде солнца и полей
С высокой башни угловой,
Где воздух свеж и где порой
В глубокой скважине стены,
Дитя неведомой страны,
Прижавшись, голубь молодой
Сидит, испуганный грозой?
Пускай теперь прекрасный свет
Тебе постыл; ты слаб, ты сед,
И от желаний ты отвык.

Что за нужда? Ты жил, старик!
Тебе есть в мире что забыть,
Ты жил, — я также мог бы жить!

6

Ты хочешь знать, что видел я
На воле? — Пышные поля,
Холмы, покрытые венцом
Дерев, разросшихся кругом,
Шумящих свежею толпой,
Как братья в пляске круговой.
Я видел груды тёмных скал,
Когда поток их разделял.
И думы их я угадал:
Мне было свыше то дано!
Простёрты в воздухе давно
Объятья каменные их,
И жаждут встречи каждый миг;
Но дни бегут, бегут года —
Им не сойтиться никогда!
Я видел горные хребты,
Причудливые, как мечты,
Когда в час утренней зари
Курилися, как алтари,
Их выси в небе голубом,
И облачко за облачком,
Покинув тайный свой ночлег,
К востоку направляло бег —
Как будто белый караван
Залетных птиц из дальних стран!
Вдали я видел сквозь туман,
В снегах, горящих, как алмаз,
Седой незыблемый Кавказ;
И было сердцу моему
Легко, не знаю почему.
Мне тайный голос говорил,
Что некогда и я там жил,
И стало в памяти моей
Прошедшее ясней, ясней…

7

И вспомнил я отцовский дом,
Ущелье наше и кругом
В тени рассыпанный аул;
Мне слышался вечерний гул
Домой бегущих табунов
И дальний лай знакомых псов.
Я помнил смуглых стариков,
При свете лунных вечеров
Против отцовского крыльца
Сидевших с важностью лица;
И блеск оправленных ножон
Кинжалов длинных… и как сон
Всё это смутной чередой
Вдруг пробегало предо мной.
А мой отец? он как живой
В своей одежде боевой
Являлся мне, и помнил я
Кольчуги звон, и блеск ружья,
И гордый непреклонный взор,
И молодых моих сестёр…
Лучи их сладостных очей
И звук их песен и речей
Над колыбелию моей…
В ущелье там бежал поток.
Он шумен был, но неглубок;
К нему, на золотой песок,
Играть я в полдень уходил
И взором ласточек следил,
Когда они перед дождём
Волны касалися крылом.
И вспомнил я наш мирный дом
И пред вечерним очагом
Рассказы долгие о том,
Как жили люди прежних дней,
Когда был мир ещё пышней.

8

Ты хочешь знать, что делал я
На воле? Жил — и жизнь моя

Без этих трёх блаженных дней
Была б печальней и мрачней
Бессильной старости твоей.
Давным-давно задумал я
Взглянуть на дальние поля,
Узнать, прекрасна ли земля,
Узнать, для воли иль тюрьмы
На этот свет родимся мы.
И в час ночной, ужасный час,
Когда гроза пугала вас,
Когда, столпясь при алтаре,
Вы ниц лежали на земле,
Я убежал. О, я как брат
Обняться с бурей был бы рад!
Глазами тучи я следил,
Рукою молнию ловил…
Скажи мне, что средь этих стен
Могли бы дать вы мне взамен
Той дружбы краткой, но живой,
Меж бурным сердцем и грозой?..

9

Бежал я долго — где, куда?
Не знаю! ни одна звезда
Не озаряла трудный путь.
Мне было весело вдохнуть
В мою измученную грудь
Ночную свежесть тех лесов,
И только! Много я часов
Бежал, и наконец, устав,
Прилёг между высоких трав;
Прислушался: погони нет.
Гроза утихла. Бледный свет
Тянулся длинной полосой
Меж тёмным небом и землей,
И различал я, как узор,
На ней зубцы далеких гор;
Недвижим, молча я лежал,
Порой в ущелии шакал
Кричал и плакал, как дитя,

И, гладкой чешуей блестя,
Змея скользила меж камней;
Но страх не сжал души моей:
Я сам, как зверь, был чужд людей
И полз и прятался, как змей.

10

Внизу глубоко подо мной
Поток усиленный грозой
Шумел, и шум его глухой
Сердитых сотне голосов
Подобился. Хотя без слов
Мне внятен был тот разговор,
Немолчный ропот, вечный спор
С упрямой грудою камней.
То вдруг стихал он, то сильней
Он раздавался в тишине;
И вот, в туманной вышине
Запели птички, и восток
Озолотился; ветерок
Сырые шевельнул листы;
Дохнули сонные цветы,
И, как они, навстречу дню
Я поднял голову мою…
Я осмотрелся; не таю:
Мне стало страшно; на краю
Грозящей бездны я лежал,
Где выл, крутясь, сердитый вал;
Туда вели ступени скал;
Но лишь злой дух по ним шагал,
Когда, низверженный с небес,
В подземной пропасти исчез.

11

Кругом меня цвёл божий сад;
Растений радужный наряд
Хранил следы небесных слёз,
И кудри виноградных лоз
Вились, красуясь меж дерев

Прозрачной зеленью листов;
И грозды полные на них,
Серёг подобье дорогих,
Висели пышно, и порой
К ним птиц летал пугливый рой
И снова я к земле припал
И снова вслушиваться стал
К волшебным, странным голосам;
Они шептались по кустам,
Как будто речь свою вели
О тайнах неба и земли;
И все природы голоса
Сливались тут; не раздался
В торжественный хваленья час
Лишь человека гордый глас.
Всё, что я чувствовал тогда,
Те думы — им уж нет следа;
Но я б желал их рассказать,
Чтоб жить, хоть мысленно, опять.
В то утро был небесный свод
Так чист, что ангела полёт
Прилежный взор следить бы мог;
Он так прозрачно был глубок,
Так полон ровной синевой!
Я в нём глазами и душой
Тонул, пока полдневный зной
Мои мечты не разогнал.
И жаждой я томиться стал.

12

Тогда к потоку с высоты,
Держась за гибкие кусты,
С плиты на плиту я, как мог,
Спускаться начал. Из-под ног
Сорвавшись, камень иногда
Катился вниз — за ним бразда
Дымилась, прах вился столбом;
Гудя и прыгая, потом
Он поглощаем был волной;
И я висел над глубиной,

Но юность вольная сильна,
И смерть казалась не страшна!
Лишь только я с крутых высот
Спустился, свежесть горных вод
Повеяла навстречу мне,
И жадно я припал к волне.
Вдруг — голос — лёгкий шум шагов…
Мгновенно скрывшись меж кустов,
Невольным трепетом объят,
Я поднял боязливый взгляд
И жадно вслушиваться стал:
И ближе, ближе всё звучал
Грузинки голос молодой,
Так безыскусственно живой,
Так сладко вольный, будто он
Лишь звуки дружеских имён
Произносить был приучён.
Простая песня то была,
Но в мысль она мне залегла,
И мне, лишь сумрак настаёт,
Незримый дух её поёт.

13

Держа кувшин над головой,
Грузинка узкою тропой
Сходила к берегу. Порой
Она скользила меж камней,
Смеясь неловкости своей.
И беден был её наряд;
И шла она легко, назад
Изгибы длинные чадры
Откинув. Летние жары
Покрыли тенью золотой
Лицо и грудь её; и зной
Дышал от уст её и щёк.
И мрак очей был так глубок,
Так полон тайнами любви,
Что думы пылкие мои
Смутились. Помню только я
Кувшина звон, — когда струя

Вливалась медленно в него,
И шорох… больше ничего.
Когда же я очнулся вновь
И отлила от сердца кровь,
Она была уж далеко;
И шла, хоть тише, — но легко,
Стройна под ношею своей,
Как тополь, царь её полей!
Недалеко, в прохладной мгле,
Казалось, приросли к скале
Две сакли дружною четой;
Над плоской кровлею одной
Дымок струился голубой.
Я вижу будто бы теперь,
Как отперлась тихонько дверь…
И затворилася опять!..
Тебе, я знаю, не понять
Мою тоску, мою печаль;
И если б мог, — мне было б жаль:
Воспоминанья тех минут
Во мне, со мной пускай умрут.

14

Трудами ночи изнурён,
Я лёг в тени. Отрадный сон
Сомкнул глаза невольно мне…
И снова видел я во сне
Грузинки образ молодой.
И странной сладкою тоской
Опять моя заныла грудь.
Я долго силился вздохнуть —
И пробудился. Уж луна
Вверху сияла, и одна
Лишь тучка кралася за ней,
Как за добычею своей,
Объятья жадные раскрыв.
Мир тёмен был и молчалив;
Лишь серебристой бахромой
Вершины цепи снеговой
Вдали сверкали предо мной

Да в берега плескал поток.
В знакомой сакле огонёк
То трепетал, то снова гас:
На небесах в полночный час
Так гаснет яркая звезда!
Хотелось мне… но я туда
Взойти не смел. Я цель одну —
Пройти в родимую страну —
Имел в душе и превозмог
Страданье голода, как мог.
И вот дорогою прямой
Пустился, робкий и немой.
Но скоро в глубине лесной
Из виду горы потерял
И тут с пути сбиваться стал.

15

Напрасно в бешенстве порой
Я рвал отчаянной рукой
Терновник, спутанный плющом:
Всё лес был, вечный лес кругом,
Страшней и гуще каждый час;
И миллионом чёрных глаз
Смотрела ночи темнота
Сквозь ветви каждого куста.
Моя кружилась голова;
Я стал влезать на дерева;
Но даже на краю небес
Всё тот же был зубчатый лес.
Тогда на землю я упал;
И в исступлении рыдал,
И грыз сырую грудь земли,
И слёзы, слёзы потекли
В неё горючею росой…
Но, верь мне, помощи людской
Я не желал… Я был чужой
Для них навек, как зверь степной;
И если б хоть минутный крик
Мне изменил — клянусь, старик,
Я б вырвал слабый мой язык.

16

Ты помнишь детские года:
Слезы не знал я никогда;
Но тут я плакал без стыда.
Кто видеть мог? Лишь тёмный лес
Да месяц, плывший средь небес!
Озарена его лучом,
Покрыта мохом и песком,
Непроницаемой стеной
Окружена, передо мной
Была поляна. Вдруг во ней
Мелькнула тень, и двух огней
Промчались искры… и потом
Какой-то зверь одним прыжком
Из чащи выскочил и лег,
Играя, навзничь на песок.
То был пустыни вечный гость —
Могучий барс. Сырую кость
Он грыз и весело визжал;
То взор кровавый устремлял,
Мотая ласково хвостом,
На полный месяц, — и на нём
Шерсть отливалась серебром.
Я ждал, схватив рогатый сук,
Минуту битвы; сердце вдруг
Зажглося жаждою борьбы
И крови… да, рука судьбы
Меня вела иным путем…
Но нынче я уверен в том,
Что быть бы мог в краю отцов
Не из последних удальцов.

17

Я ждал. И вот в тени ночной
Врага почуял он, и вой
Протяжный, жалобный как стон
Раздался вдруг… и начал он
Сердито лапой рыть песок,

Встал на дыбы, потом прилёг,
И первый бешеный скачок
Мне страшной смертию грозил...
Но я его предупредил.
Удар мой верен был и скор.
Надёжный сук мой, как топор,
Широкий лоб его рассек...
Он застонал, как человек,
И опрокинулся. Но вновь,
Хотя лила из раны кровь
Густой, широкою волной,
Бой закипел, смертельный бой!

18

Ко мне он кинулся на грудь:
Но в горло я успел воткнуть
И там два раза повернуть
Моё оружье... Он завыл,
Рванулся из последних сил,
И мы, сплетясь, как пара змей,
Обнявшись крепче двух друзей,
Упали разом, и во мгле
Бой продолжался на земле.
И я был страшен в этот миг;
Как барс пустынный, зол и дик,
Я пламенел, визжал, как он;
Как будто сам я был рождён
В семействе барсов и волков
Под свежим пологом лесов.
Казалось, что слова людей
Забыл я — и в груди моей
Родился тот ужасный крик,
Как будто с детства мой язык
К иному звуку не привык...
Но враг мой стал изнемогать,
Метаться, медленней дышать,
Сдавил меня в последний раз...
Зрачки его недвижных глаз
Блеснули грозно — и потом
Закрылись тихо вечным сном;

Но с торжествующим врагом
Он встретил смерть лицом к лицу,
Как в битве следует бойцу!..

19

Ты видишь на груди моей
Следы глубокие когтей;
Ещё они не заросли
И не закрылись; но земли
Сырой покров их освежит
И смерть навеки заживит.
О них тогда я позабыл,
И, вновь собрав остаток сил,
Побрёл я в глубине лесной…
Но тщетно спорил я с судьбой:
Она смеялась надо мной!

20

Я вышел из лесу. И вот
Проснулся день, и хоровод
Светил напутственных исчез
В его лучах. Туманный лес
Заговорил. Вдали аул
Куриться начал. Смутный гул
В долине с ветром пробежал…
Я сел и вслушиваться стал;
Но смолк он вместе с ветерком.
И кинул взоры я кругом:
Тот край, казалось, мне знаком.
И страшно было мне, понять
Не мог я долго, что опять
Вернулся я к тюрьме моей;
Что бесполезно столько дней
Я тайный замысел ласкал,
Терпел, томился и страдал,
И всё зачем?.. Чтоб в цвете лет,
Едва взглянув на божий свет,
При звучном ропоте дубрав
Блаженство вольности познав,

Унесть в могилу за собой
Тоску по родине святой,
Надежд обманутых укор
И вашей жалости позор!..
Ещё в сомненье погружен,
Я думал — это страшный сон…
Вдруг дальний колокола звон
Раздался снова в тишине —
И тут всё ясно стало мне…
О, я узнал его тотчас!
Он с детских глаз уже не раз
Сгонял виденья снов живых
Про милых ближних и родных,
Про волю дикую степей,
Про лёгких, бешеных коней,
Про битвы чудные меж скал,
Где всех один я побеждал!..
И слушал я без слёз, без сил.
Казалось, звон тот выходил
Из сердца — будто кто-нибудь
Железом ударял мне в грудь.
И смутно понял я тогда,
Что мне на родину следа
Не проложить уж никогда.

21

Да, заслужил я жребий мой!
Могучий конь, в степи чужой,
Плохого сбросив седока,
На родину издалека
Найдёт прямой и краткий путь…
Что я пред ним? Напрасно грудь
Полна желаньем и тоской:
То жар бессильный и пустой,
Игра мечты, болезнь ума.
На мне печать свою тюрьма
Оставила… Таков цветок
Темничный: вырос одинок
И бледен он меж плит сырых,
И долго листьев молодых

Не распускал, всё ждал лучей
Живительных. И много дней
Прошло, и добрая рука
Печально тронулась цветка,
И был он в сад перенесён,
В соседство роз. Со всех сторон
Дышала сладость бытия…
Но что ж? Едва взошла заря,
Палящий луч её обжег
В тюрьме воспитанный цветок…

22

И как его, палил меня
Огонь безжалостного дня.
Напрасно прятал я в траву
Мою усталую главу:
Иссохший лист её венцом
Терновым над моим челом
Свивался, и в лицо огнем
Сама земля дышала мне.
Сверкая быстро в вышине,
Кружились искры, с белых скал
Струился пар. Мир божий спал
В оцепенении глухом
Отчаянья тяжёлым сном.
Хотя бы крикнул коростель,
Иль стрекозы живая трель
Послышалась, или ручья
Ребячий лепет… Лишь змея,
Сухим бурьяном шелестя,
Сверкая жёлтою спиной,
Как будто надписью златой
Покрытый донизу клинок,
Браздя рассыпчатый песок.
Скользила бережно, потом,
Играя, нежася на нём,
Тройным свивалася кольцом;
То, будто вдруг обожжена,
Металась, прыгала она
И в дальних пряталась кустах…

23

И было всё на небесах
Светло и тихо. Сквозь пары
Вдали чернели две горы.
Наш монастырь из-за одной
Сверкал зубчатою стеной.
Внизу Арагва и Кура,
Обвив каймой из серебра
Подошвы свежих островов,
По корням шепчущих кустов
Бежали дружно и легко…
До них мне было далеко!
Хотел я встать — передо мной
Все закружилось с быстротой;
Хотел кричать — язык сухой
Беззвучен и недвижим был…
Я умирал. Меня томил
Предсмертный бред.
Казалось мне,
Что я лежу на влажном дне
Глубокой речки — и была
Кругом таинственная мгла.
И, жажду вечную поя,
Как лёд холодная струя,
Журча, вливалася мне в грудь…
И я боялся лишь заснуть, —
Так было сладко, любо мне…
А надо мною в вышине
Волна теснилася к волне.
И солнце сквозь хрусталь волны
Сияло сладостней луны…
И рыбок пёстрые стада
В лучах играли иногда.
И помню я одну из них:
Она приветливей других
Ко мне ласкалась. Чешуей
Была покрыта золотой
Её спина. Она вилась
Над головой моей не раз,
И взор её зелёных глаз

Был грустно нежен и глубок…
И надивиться я не мог:
Её сребристый голосок
Мне речи странные шептал,
И пел, и снова замолкал.
Он говорил:

«Дитя моё,
Останься здесь со мной:
В воде привольное житьё
И холод и покой.

Я созову моих сестёр:
Мы пляской круговой
Развеселим туманный взор
И дух усталый твой.

Усни, постель твоя мягка,
Прозрачен твой покров.
Пройдут года, пройдут века
Под говор чудных снов.

О милый мой! не утаю,
Что я тебя люблю,
Люблю как вольную струю,
Люблю как жизнь мою…»

И долго, долго слушал я;
И мнилось, звучная струя
Сливала тихий ропот свой
С словами рыбки золотой.
Тут я забылся. Божий свет
В глазах угас. Безумный бред
Бессилью тела уступил…

24

Так я найдён и поднят был…
Ты остальное знаешь сам.
Я кончил. Верь моим словам
Или не верь, мне всё равно.
Меня печалит лишь одно:

Мой труп холодный и немой
Не будет тлеть в земле родной,
И повесть горьких мук моих
Не призовёт меж стен глухих
Вниманье скорбное ничьё
На имя тёмное моё.

25

Прощай, отец... дай руку мне:
Ты чувствуешь, моя в огне...
Знай, этот пламень с юных дней,
Таяся, жил в груди моей;
Но ныне пищи нет ему,
И он прожёг свою тюрьму
И возвратится вновь к тому,
Кто всем законной чередой
Даёт страданье и покой...
Но что мне в том? — пускай в раю,
В святом, заоблачном краю
Мой дух найдёт себе приют...
Увы! — за несколько минут
Между крутых и тёмных скал,
Где я в ребячестве играл,
Я б рай и вечность променял...

26

Когда я стану умирать,
И, верь, тебе не долго ждать,
Ты перенесть меня вели
В наш сад, в то место, где цвели
Акаций белых два куста...
Трава меж ними так густа,
И свежий воздух так душист,
И так прозрачно-золотист
Играющий на солнце лист!
Там положить вели меня.
Сияньем голубого дня
Упьюся я в последний раз.
Оттуда виден и Кавказ!
Быть может, он с своих высот

Привет прощальный мне пришлет,
Пришлёт с прохладным ветерком…
И близ меня перед концом
Родной опять раздастся звук!
И стану думать я, что друг
Иль брат, склонившись надо мной,
Отёр внимательной рукой
С лица кончины хладный пот
И что вполголоса поёт
Он мне про милую страну..
И с этой мыслью я засну,
И никого не прокляну!...»

ПЕСНЯ ПРО ЦАРЯ ИВАНА ВАСИЛЬЕВИЧА МОЛОДОГО ОПРИЧНИКА И УДАЛОГО КУПЦА КАЛАШНИКОВА

Ох ты гой еси, царь Иван Васильевич!
Про тебя нашу песню сложили мы,
Про твово любимого опричника
Да про смелого купца, про Калашникова;
Мы сложили ее на старинный лад,
Мы певали ее под гуслярный звон
И причитывали да присказывали.
Православный народ ею тешился,
А боярин Матвей Ромодановский
Нам чарку поднес меду пенного,
А боярыня его белолицая
Поднесла нам на блюде серебряном
Полотенце новое, шелком шитое.
Угощали нас три дни, три ночи
И всё слушали — не наслушались.

1

Не сияет на небе солнце красное,
Не любуются им тучки синие —
То за трапезой сидит во златом венце,
Сидит грозный царь Иван Васильевич.
Позади его стоят стольники,
Супротив его всё бояре да князья,
По бокам его всё опричники;
И пирует царь во славу божию,
В удовольствие свое и веселие.

Улыбаясь, царь повелел тогда
Вина сладкого заморского
Нацедить в свой золоченый ковш
И поднесть его опричникам.
— И все пили, царя славили.

Лишь один из них, из опричников,
Удалой боец, буйный молодец,
В золотом ковше не мочил усов;
Опустил он в землю очи темные,
Опустил головушку на широку грудь —
А в груди его была дума крепкая.

Вот нахмурил царь брови черные
И навел на него очи зоркие,
Словно ястреб взглянул с высоты небес
На младого голубя сизокрылого, —
Да не поднял глаз молодой боец.
Вот об землю царь стукнул палкою,
И дубовый пол на полчетверти
Он железным пробил оконечником —
Да не вздрогнул и тут молодой боец.
Вот промолвил царь слово грозное —
И очнулся тогда добрый молодец.

«Гей ты, верный наш слуга Кирибеевич,
Аль ты думу затаил нечестивую?
Али славе нашей завидуешь?
Али служба тебе честна́я прискучила?

Когда всходит месяц — звезды радуются,
Что светлей им гулять по поднебесью,
А которая в тучку прячется,
Та стремглав на землю падает…
Неприлично же тебе, Кирибеевич,
Царской радостью гнушатися, —
А из роду ты ведь Скуратовых,
И семьею ты вскормлен Малютиной!..»

Отвечает так Кирибеевич,
Царю грозному в пояс кланяясь:

«Государь ты наш Иван Васильевич!
Не кори ты раба недостойного:
Сердца жаркого не залить вином,
Думу черную — не запотчевать!
А прогневал я тебя — воля царская:
Прикажи казнить, рубить голову, —
Тяготит она плечи богатырские
И сама к сырой земле она клонится».

И сказал ему царь Иван Васильевич:
«Да об чем бы тебе, молодцу, кручиниться?
Не истерся ли твой парчевой кафтан?
Не измялась ли шапка соболиная?
Не казна ли у тебя поистратилась?
Иль зазубрилась сабля закаленная?
Или конь захромал, худо кованный?
Или с ног тебя сбил на кулачном бою,
На Москве-реке, сын купеческий?»
Отвечает так Кирибеевич,
Покачав головою кудрявою:
«Не родилась та рука заколдованная
Ни в боярском роду, ни в купеческом;
Аргамак мой степной ходит весело;
Как стекло горит сабля вострая;
А на праздничный день твоей милостью
Мы не хуже другого нарядимся.

Как я сяду-поеду на лихом коне
За Москву-реку покататися,
Кушачком подтянуся шелковым,

Заломлю набочок шапку бархатную,
Черным соболем отороченную, —
У ворот стоят у тесовыих
Красны девушки да молодушки
И любуются, глядя, перешептываясь;
Лишь одна не глядит, не любуется,
Полосатой фатой закрывается…

На святой Руси, нашей матушке,
Не найти, не сыскать такой красавицы:
Ходит плавно — будто лебедушка;
Смотрит сладко — как голубушка;
Молвит слово — соловей поет;
Горят щеки ее румяные,
Как заря на небе божием;
Косы русые, золотистые,
В ленты яркие заплетенные,
По плечам бегут, извиваются,
С грудью белою целуются.
Во семье родилась она купеческой,
Прозывается Алёной Дмитревной.

Как увижу ее, я и сам не свой:
Опускаются руки сильные,
Помрачаются очи бойкие.
Скучно, грустно мне, православный царь,
Одному по свету маяться.
Опостыли мне кони легкие,
Опостыли наряды парчовые,
И не надо мне золотой казны:
С кем казною своей поделюсь теперь?
Перед кем покажу удальство свое?
Перед кем я нарядом похвастаюсь?

Отпусти меня в степи приволжские,
На житье на вольное, на казацкое.
Уж сложу я там буйную головушку
И сложу на копье бусурманское;
И разделят по себе злы татаровья
Коня доброго, саблю острую

И седельце браное черкасское.
Мои очи слезные коршун выклюет,
Мои кости сирые дождик вымоет,
И без похорон горемычный прах
На четыре стороны развеется!..»

И сказал, смеясь, Иван Васильевич:
«Ну, мой верный слуга! я твоей беде,
Твоему горю пособить постараюся.
Вот возьми перстенек ты мой яхонтовый
Да возьми ожерелье жемчужное.
Прежде свахе смышленой покланяйся
И пошли дары драгоценные
Ты своей Алёне Дмитревне:
Как полюбишься — празднуй свадебку,
Не полюбишься — не прогневайся».

Ох ты гой еси, царь Иван Васильевич!
Обманул тебя твой лукавый раб,
Не сказал тебе правды истинной,
Не поведал тебе, что красавица
В церкви божией перевенчана,
Перевенчана с молодым купцом
По закону нашему христианскому…

Ай, ребята, пойте — только гусли стройте!
Ай, ребята, пейте — дело разумейте!
Уж потешьте вы доброго боярина
И боярыню его белолицую!

2

За прилавкою сидит молодой купец,
Статный молодец Степан Парамонович,
По прозванию Калашников;
Шелковые товары раскладывает,
Речью ласковой гостей он заманивает,
Злато, серебро пересчитывает.
Да недобрый день задался ему:
Ходят мимо баре богатые,
В его лавочку не заглядывают.

Отзвонили вечерню во святых церквах;
За Кремлем горит заря туманная;
Набегают тучки на небо, —
Гонит их метелица распеваючи.
Опустел широкий гостиный двор.
Запирает Степан Парамонович
Свою лавочку дверью дубовою
Да замком немецким со пружиною;
Злого пса-ворчуна зубастого
На железную цепь привязывает,
И пошел он домой, призадумавшись,
К молодой хозяйке за Москву-реку.

И приходит он в свой высокий дом,
И дивится Степан Парамонович:
Не встречает его молода жена,
Не накрыт дубовый стол белой скатертью,
А свеча перед образом еле теплится.
И кличет он старую работницу:
«Ты скажи, скажи, Еремеевна,
А куда девалась, затаилася
В такой поздний час Алёна Дмитревна?
А что детки мои любезные —
Чай, забегались, заигралися,
Спозаранку спать уложилися?»

«Господин ты мой Степан Парамонович,
Я скажу тебе диво дивное:
Что к вечерне пошла Алёна Дмитревна;
Вот уж поп прошел с молодой попадьей,
Засветили свечу, сели ужинать, —
А по сю пору твоя хозяюшка
Из приходской церкви не вернулася.
А что детки твои малые
Почивать не легли, не играть пошли —
Плачем плачут, всё не унимаются».

И смутился тогда думой крепкою
Молодой купец Калашников;
И он стал к окну, глядит на улицу —
А на улице ночь темнехонька;

Валит белый снег, расстилается,
Заметает след человеческий.

Вот он слышит, в сенях дверью хлопнули,
Потом слышит шаги торопливые;
Обернулся, глядит — сила крестная! —
Перед ним стоит молода жена,
Сама бледная, простоволосая,
Косы русые расплетенные
Снегом-инеем пересыпаны;
Смотрют очи мутные как безумные;
Уста шепчут речи непонятные.

«Уж ты где, жена, жена, шаталася?
На каком подворье, на площади,
Что растрепаны твои волосы,
Что одёжа твоя вся изорвана?
Уж гуляла ты, пировала ты,
Чай, с сынками всё боярскими!..
Не на то пред святыми иконами
Мы с тобою, жена, обручалися,
Золотыми кольцами менялися!..
Как запру я тебя за железный замок,
За дубовую дверь окованную,
Чтоб свету божьего ты не видела,
Мое имя честное не порочила...»

И, услышав то, Алёна Дмитревна
Задрожала вся, моя голубушка,
Затряслась, как листочек осиновый,
Горько-горько она восплакалась,
В ноги мужу повалилася.

«Государь ты мой, красно солнышко,
Иль убей меня, или выслушай!
Твои речи — будто острый нож;
От них сердце разрывается.
Не боюся смерти лютыя,
Не боюся я людской молвы,
А боюсь твоей немилости.

От вечерни домой шла я нонече
Вдоль по улице одинёшенька.
И послышалось мне, будто снег хрустит,
Оглянулася — человек бежит.
Мои ноженьки подкосилися,
Шелковой фатой я закрылася.
И он сильно схватил меня за руки
И сказал мне так тихим шепотом:
„Что пужаешься, красная красавица?
Я не вор какой, душегуб лесной,
Я слуга царя, царя грозного,
Прозываюся Кирибеевичем,
А из славной семьи из Малютиной…"
Испугалась я пуще прежнего;
Закружилась моя бедная головушка.
И он стал меня целовать-ласкать
И, целуя, всё приговаривал:
„Отвечай мне, чего тебе надобно,
Моя милая, драгоценная!
Хочешь золота али жемчугу?
Хочешь ярких камней аль цветной парчи?
Как царицу я наряжу тебя,
Станут все тебе завидовать,
Лишь не дай мне умереть смертью грешною:
Полюби меня, обними меня
Хоть единый раз на прощание!"

И ласкал он меня, целовал меня;
На щеках моих и теперь горят,
Живым пламенем разливаются
Поцелуи его окаянные…
А смотрели в калитку соседушки,
Смеючись, на нас пальцем показывали…

Как из рук его я рванулася
И домой стремглав бежать бросилась;
И остались в руках у разбойника
Мой узорный платок, твой подарочек,
И фата моя бухарская.
Опозорил он, осрамил меня,
Меня, честную, непорочную, —

И что скажут злые соседушки,
И кому на глаза покажусь теперь?

Ты не дай меня, свою верную жену,
Злым охульникам в поругание!
На кого, кроме тебя, мне надеяться?
У кого просить стану помощи?
На белом свете я сиротинушка:
Родной батюшка уж в сырой земле,
Рядом с ним лежит моя матушка,
А мой старший брат, сам ты ведаешь,
На чужой сторонушке пропал без вести,
А меньшой мой брат — дитя малое,
Дитя малое, неразумное...»
Говорила так Алёна Дмитревна,
Горючьми слезами заливалася.

Посылает Степан Парамонович
За двумя меньшими братьями;
И пришли его два брата, поклонилися
И такое слово ему молвили:
«Ты поведай нам, старшой наш брат,
Что с тобой случилось, приключилося,
Что послал ты за нами во темную ночь,
Во темную ночь морозную?»

«Я скажу вам, братцы любезные,
Что лиха беда со мною приключилася:
Опозорил семью нашу честную
Злой опричник царский Кирибеевич,
А такой обиды не стерпеть душе
Да не вынести сердцу молодецкому.
Уж как завтра будет кулачный бой
На Москве-реке при самом царе,
И я выду тогда на опричника,
Буду насмерть биться, до последних сил,
А побьет он меня — выходите вы
За святую правду-матушку.
Не сробейте, братцы любезные!
Вы моложе меня, свежей силою,
На вас меньше грехов накопилося,
Так авось господь вас помилует!»

И в ответ ему братья молвили:
«Куда ветер дует в поднебесье,
Туда мчатся и тучки послушные,
Когда сизый орел зовет голосом
На кровавую долину побоища,
Зовет пир пировать, мертвецов убирать,
К нему малые орлята слетаются, —
Ты наш старший брат, нам второй отец;
Делай сам, как знаешь, как ведаешь,
А уж мы тебя, родного, не выдадим».

Ай, ребята, пойте — только гусли стройте!
Ах, ребята, пейте — дело разумейте!
Уж потешьте вы доброго боярина
И боярыню его белолицую!

3

Над Москвой великой, златоглавою,
Над стеной кремлевской белокаменной
Из-за дальних лесов, из-за синих гор,
По тесовым кровелькам играючи,
Тучки серые разгоняючи,
Заря алая подымается;
Разметала кудри золотистые,
Умывается снегами рассыпчатыми,
Как красавица, глядя в зеркальце,
В небо чистое смотрит, улыбается.
Уж зачем ты, алая заря, просыпалася?
На какой ты радости разыгралася?

Как сходилися, собиралися
Удалые бойцы московские
На Москву-реку, на кулачный бой,
Разгуляться для праздника, потешиться.
И приехал царь со дружиною,
Со боярами и опричниками,
И велел растянуть цепь серебряную,
Чистым золотом в кольцах спаянную.
Оцепили место в двадцать пять сажен,
Для охотницкого бою, одиночного.

И велел тогда царь Иван Васильевич
Клич кликать звонким голосом:
«Ой, уж где вы, добрые молодцы?
Вы потешьте царя нашего батюшку!
Выходите-ка во широкий круг;
Кто побьет кого, того царь наградит,
А кто будет побит, тому бог простит!»

И выходит удалой Кирибеевич,
Царю в пояс молча кланяется,
Скидает с могучих плеч шубу бархатную,
Подпершися в бок рукою правою,
Поправляет другой шапку алую,
Ожидает он себе противника…
Трижды громкий клич прокликали —
Ни один боец и не тронулся,
Лишь стоят да друг друга поталкивают.
На просторе опричник похаживает,
Над плохими бойцами подсмеивает:
«Присмирели небось, призадумались!
Так и быть, обещаюсь, для праздника,
Отпущу живого с покаянием,
Лишь потешу царя нашего батюшку».

Вдруг толпа раздалась в обе стороны —
И выходит Степан Парамонович,
Молодой купец, удалой боец,
По прозванию Калашников.
Поклонился прежде царю грозному,
После белому Кремлю да святым церквам,
А потом всему народу русскому.
Горят очи его соколиные,
На опричника смотрят пристально.
Супротив него он становится,
Боевые рукавицы натягивает,
Могутные плечи распрямливает
Да кудряву бороду поглаживает.

И сказал ему Кирибеевич:
«А поведай мне, добрый молодец,
Ты какого роду-племени,

Каким именем прозываешься?
Чтобы знать, по ком панихиду служить,
Чтобы было чем и похвастаться».

Отвечает Степан Парамонович:
«А зовут меня Степаном Калашниковым,
А родился я от честно́ва отца,
И жил я по закону господнему:
Не позорил я чужой жены,
Не разбойничал ночью темною,
Не таился от свету небесного…
И промолвил ты правду истинную:
Об одном из нас будут панихиду петь,
И не позже как завтра в час полуденный;
И один из нас будет хвастаться,
С удалыми друзьями пируючи…
Не шутку шутить, не людей смешить
К тебе вышел я теперь, бусурманский сын, —
Вышел я на страшный бой, на последний бой!»
И, услышав то, Кирибеевич
Побледнел в лице, как осенний снег;
Бойки очи его затуманились,
Между сильных плеч пробежал мороз,
На раскрытых устах слово замерло…

Вот молча оба расходятся —
Богатырский бой начинается.
Размахнулся тогда Кирибеевич
И ударил впервой купца Калашникова,
И ударил его посередь груди —
Затрещала грудь молодецкая,
Пошатнулся Степан Парамонович;
На груди его широкой висел медный крест
Со святыми мощами из Киева, —
И погнулся крест, и вдавился в грудь;
Как роса, из-под него кровь закапала.
И подумал Степан Парамонович:
«Чему быть суждено, то и сбудется;
Постою за правду до последнева!»
Изловчился он, приготовился,
Собрался со всею силою

И ударил своего ненавистника
Прямо в левый висок со всего плеча.

И опричник молодой застонал слегка,
Закачался, упал замертво;
Повалился он на холодный снег,
На холодный снег, будто сосенка,
Будто сосенка, во сыром бору
Под смолистый под корень подрубленная.
И, увидев то, царь Иван Васильевич
Прогневался гневом, топнул о землю
И нахмурил брови черные;
Повелел он схватить удалова купца
И привесть его пред лицо свое.

Как возѓоворил православный царь:
«Отвечай мне по правде, по совести,
Вольной волею или нехотя
Ты убил насме?рть мово верного слугу,
Мово лучшего бойца Кирибеевича?»

«Я скажу тебе, православный царь:
Я убил его вольной волею,
А за что, про что — не скажу тебе,
Скажу только богу единому.
Прикажи меня казнить — и на плаху несть
Мне головушку повинную;
Не оставь лишь малых детушек,
Не оставь молодую вдову
Да двух братьев моих своей милостью…»

«Хорошо тебе, детинушка,
Удалой боец, сын купеческий,
Что ответ держал ты по совести.
Молодую жену и сирот твоих
Из казны моей я пожалую,
Твоим братьям велю от сего же дня
По всему царству русскому широкому
Торговать безданно, беспошлинно.
А ты сам ступай, детинушка,
На высокое место лобное,
Сложи свою буйную головушку.

Я топор велю наточить-навострить,
Палача велю одеть-нарядить,
В большой колокол прикажу звонить,
Чтобы знали все люди московские,
Что и ты не оставлен моей милостью…»

Как на площади народ собирается,
Заунывный гудит-воет колокол,
Разглашает всюду весть недобрую.
По высокому месту лобному
Во рубахе красной с яркой запонкой,
С большим топором навостренныим,
Руки голые потираючи,
Палач весело похаживает,
Удалого бойца дожидается, —
А лихой боец, молодой купец,
Со родными братьями прощается:

«Уж вы, братцы мои, други кровные,
Поцелуемтесь да обнимемтесь
На последнее расставание.
Поклонитесь от меня Алёне Дмитревне,
Закажите ей меньше печалиться,
Про меня моим детушкам не сказывать.
Поклонитесь дому родительскому,
Поклонитесь всем нашим товарищам;
Помолитесь сами в церкви божией
Вы за душу мою, душу грешную!»

И казнили Степана Калашникова
Смертью лютою, позорною, —
И головушка бесталанная
Во крови на плаху покатилася.

Схоронили его за Москвой-рекой,
На чистом поле промеж трех дорог:
Промеж Тульской, Рязанской, Владимирской,
И бугор земли сырой тут насыпали,
И кленовый крест тут поставили.
И гуляют-шумят ветры буйные
Над его безымянной могилкою.

И проходят мимо люди добрые:
Пройдет стар человек — перекрестится,
Пройдет мо́лодец — приосанится,
Пройдет де́вица — пригорюнится,
А пройдут гусляры — споют песенку.

Гей вы, ребята удалые,
Гусляры молодые,
Голоса заливные!
Красно начинали — красно и кончайте,
Каждому правдою и честью воздайте.
Тороватому боярину слава!
И красавице боярыне слава!
И всему народу христианскому слава!

ОЛЕГ

1

Во мгле языческой дубравы
В года забытой старины
Когда-то жертвенник кровавый
Дымился божеству войны.
Там возносился дуб высокой,
Священный древностью глубокой.
Как неподвижный царь лесов,
Чело до самых облаков
Он подымал. На нем висели
Кольчуги, сабли и щиты,
Вокруг сожженные кусты
И черепа убитых тлели...
И песня Лады никогда
Не приносилася сюда!..

Поставлен веры теплым чувством,
Блестел кумир в тени ветвей,

И лик, расписанный искусством,
Был смыт усилием дождей.
Вдали лесистые равнины
И неприступные вершины
Гранитных скал туман одел,
И Волхов за лесом шумел.
Склонен невольно к удивленью,
Пришелец чуждый, в наши дни
Не презирай сих мест: они
Знакомы были вдохновенью!..
И скальдов северных не раз
Здесь раздавался смелый глас...

2

Утихло озеро. С стремниной
Молчат туманные скалы,
И вьются дикие орлы,
Крича над зеркальной пучиной.
Уж челнока с давнишних пор
Волна глухая не лелеет,
Кольцом вокруг угрюмый бор,
Подняв вершины, зеленеет,
Скрываясь за хребтами гор.

Давно ни пес, ни всадник смелый
Страны глухой и опустелой
Не посещал. Окрестный зверь
Забыл знакомый шум ловитвы.
Но кто и для какой молитвы
На берегу стоит теперь?..
С какою здесь он мыслью странной?
С мечом, в кольчуге, за спиной
Колчан и лук. Шишак стальной
Блестит насечкой иностранной...
Он тихо красный плащ рукой
На землю бросил, не спуская
Недвижных с озера очей,
И кольцы русые кудрей
Бегут, на плечи ниспадая.
В герое повести моей
Следы являлись кратких дней,

Но не приметно впечатлений:
Ни удовольствий, ни волнений,
Ни упоительных страстей.

И, став у пенистого брега,
Он к духу озера воззвал:
«Стрибог! я вновь к тебе предстал,
Не мог ты позабыть Олега.
Он приносил к тебе врагов,
Сверша опасные набеги.
Он в честь тебе их пролил кровь.
И тот опять средь сих лесов,
Пред кем дрожали печенеги.
Как в день разлуки роковой,
Явись опять передо мной!»
И шумно взволновались воды,
Растут свинцовые валы,
Как в час суровой непогоды,
Покрылись пеною скалы.
Восстал в средине столб туманный...
Тихонько вид меняя странный,
Ясней, ясней, ясней... и вот
Стрибог по озеру идет.
Глаза открытые сияли,
Подъялась влажная рука,
И мокрые власы бежали
По голым персям старика.

3

Ах, было время, время боев
На милой нашей стороне.
Где ж те года? Прошли оне
С мгновенной славою героев.
Но тени сильных я видал
И громкий голос их слыхал:
В часы суровой непогоды,
Когда, бушуя, плещут воды,
И вихрь, клубя седую пыль,
Волнует по полям ковыль,
Они на темно-сизых тучах

Разнообразною толпой
Летят. Щиты в руках могучих,
Их тешит бурь знакомый вой.
Сплетаясь цепию воздушной,
Они вступают в грозный бой.
Я зрел их смутною душой,
Я им внимал неравнодушно.
На мне была тоски печать,
Бездействием терзалась совесть,
И я решился начертать
Времен былых простую повесть.

Жил-был когда-то князь Олег,
Владетель русского народа,
Варяг, боец (тогда свобода
Не начинала свой побег).
Его рушительный набег

Почти от Пскова до Онеги
Поля и веси покорил...
Он всем соседям страшен был:
Пред ним дрожали печенеги,
С ним от Каспийских берегов
Казары дружества искали,
Его дружины побеждали
Свирепых жителей дубров.
И он искал на греков мести,
Презреньем гордых раздражен...
Царь Византии был смущен
Молвой ужасной этой вести...
Но что замедлил князь Олег
Свой разрушительный набег?..

АНГЕЛ СМЕРТИ

Посвящается А. М. Верещагиной

Тебе — тебе мой дар смиренный,
Мой труд безвестный и простой,
Но пламенный, но вдохновенный
Воспоминаньем и — тобой!

Я дни мои влачу, тоскуя
И в сердце образ твой храня,
Но об одном тебя прошу я:
Будь ангел смерти для меня.

Явись мне в грозный час страданья,
И поцелуй пусть будет твой
Залогом близкого свиданья
В стране любви, в стране другой!

Златой Восток, страна чудес,
Страна любви и сладострастья,
Где блещет роза — дочь небес,
Где всё обильно, кроме счастья;
Где чище катится река,
Вольнее мчатся облака,
Пышнее вечер догорает
И мир всю прелесть сохраняет
Тех дней, когда печатью зла
Душа людей, по воле рока,
Не обесславлена была,
Люблю тебя, страна Востока!
Кто знал тебя, тот забывал
Свою отчизну; кто видал
Твоих красавиц, не забудет
Надменный пламень их очей
И без сомненья верить будет
Печальной повести моей.

Есть ангел смерти; в грозный час
Последних мук и расставанья

Он крепко обнимает нас,
Но холодны его лобзанья,
И страшен вид его для глаз
Бессильной жертвы; и невольно
Он заставляет трепетать,
И часто сердцу больно, больно
Последний вздох ему отдать.
Но прежде людям эти встречи
Казались — сладостный удел.
Он знал таинственные речи,
Он взором утешать умел,
И бурные смирял он страсти,

И было у него во власти
Больную душу как-нибудь
На миг надеждой обмануть!

Равно во все края вселенной
Являлся ангел молодой;
На всё, что только прах земной,
Глядел с презрением нетленный.
Его приход благословенный
Дышал небесной тишиной.
Лучами тихими блистая,
Как полуночная звезда,
Манил он смертных иногда,
И провожал он к дверям рая
Толпы освобожденных душ,
И сам был счастлив. Почему ж
Теперь томит его объятье
И поцелуй его — проклятье?

Недалеко от берегов
И волн ревущих океана,
Под жарким небом Индостана
Синеет длинный ряд холмов.
Последний холм высок и страшен,
Скалами серыми украшен
И вдался в море, и на нем
Орлы да коршуны гнездятся,
И рыбаки к нему боятся

Подъехать в сумраке ночном.
Прикрыта дикими кустами,
На нем пещера есть одна —
Жилище змей — хладна, темна,
Как ум, обманутый мечтами,
Как жизнь, которой цели нет,
Как не досказанный очами
Убийцы хитрого привет.
Ее лампада — месяц полный,
С ней говорят морские волны,
И у отверстия стоят
Сторожевые пальмы в ряд.

Давным-давно в ней жил изгнанник,
Пришелец, юный Зораим.

Он на земле был только странник,
Людьми и небом был гоним,
Он мог быть счастлив, но блаженства
Искал в забавах он пустых,
Искал он в людях совершенства,
А сам — сам не был лучше их;
Искал великого в ничтожном,
Страшась надеяться, жалел
О том, что было счастьем ложным,
И, став без пользы осторожным,
Поверить никому не смел.
Любил он ночь, свободу, горы,
И всё в природе, и людей,
Но избегал их. С ранних дней
К презренью приучил он взоры,
Но сердца пылкого не мог
Заставить так же охладиться:
Любовь насильства не боится,
Она — хоть презренна — всё бог.
Одно сокровище — святыню
Имел под небесами он;
С ним раем почитал пустыню...
Но что ж? всегда ли верен сон?..

На гордых высотах Ливана
Растет могильный кипарис,

И ветви плюща обвились
Вокруг его прямого стана.
Пусть вихорь мчится и шумит
И сломит кипарис высокой —
Вкруг кипариса плющ обвит:
Он не погибнет одиноко!..
Так, миру чуждый, Зораим
Не вовсе беден — Ада с ним!
Она резва, как лань степная,
Мила, как цвет душистый рая;
Всё страстно в ней: и грудь и стан,
Глаза — два солнца южных стран.
И деве было всё забавой,
Покуда не явился ей
Изгнанник бледный, величавый,
С холодной дерзостью очей;
И ей пришло тогда желанье —
Огонь в очах его родить

И в мертвом сердце возбудить
Любви безумное страданье,
И удалось ей. Зораим
Любил — с тех пор, как был любим.
Судьбина их соединила,
А разлучит — одна могила!

На синих небесах луна
С звездами дальными сияет,
Лучом в пещеру ударяет;
И беспокойная волна,
Ночной прохладою полна,
Утес, белея, обнимает.
Я помню — в этот самый час
Обыкновенно нежный глас,
Сопровождаемый игрою,
Звучал, теряясь за горою:
Он из пещеры выходил.
Какой же демон эти звуки
Волшебной властью усыпил?..

Почти без чувств, без дум, без сил
Лежит на ложе смертной муки

Младая Ада. Ветерок
Не освежит ее ланиты,
И томный взор, полуоткрытый,
Напрасно смотрит на восток,
И утра ждет она напрасно:
Ей не видать зари прекрасной,
Она до утра будет там,
Где солнца уж не нужно нам.
У изголовья, пораженный
Боязнью тайной, Зораим
Стоит — коленопреклоненный,
Тоской отчаянья томим.
В руке изгнанника белеет
Девицы хладная рука,
И жизни жар ее не греет.
«Но смерть, — он мыслит, — не близка!
Рука — не жизнь; болезнь простая —
Всё не кончина роковая!»
Так иногда надежды свет
Являет то, чего уж нет;
И нам хотя не остается

Для утешенья ничего,
Она над сердцем всё смеется,
Не исчезая из него.

В то время смерти ангел нежный
Летел чрез южный небосклон,
Вдруг слышит ропот он мятежный,
И плач любви, и слабый стон,
И, быстрый как полет мгновенья,
К пещере подлетает он.
Тоску последнего мученья
Дух смерти усладить хотел
И на устах покорной Ады
Свой поцелуй напечатлел:
Он дать не мог другой отрады!
Или, быть может, Зораим
Еще замечен не был им...
Но скоро при огне лампады
Недвижный, мутный встретив взор,
Он в нем прочел себе укор;

И ангел смерти сожаленье
В душе почувствовал святой.
Скажу ли? — даже в преступленье
Он обвинял себя порой.
Он отнял всё у Зораима:
Одна была лишь им любима,
Его любовь была сильней
Всех дум и всех других страстей.
И он не плакал, — но понятно
По цвету бледному чела,
Что мука смерть превозмогла,
Хоть потерял он невозвратно.
И ангел знал, — и как не знать? —
Что безнадежности печать
В спокойном холоде молчанья,
Что легче плакать, чем страдать
Без всяких признаков страданья.

И ангел мыслью поражен,
Достойною небес: желает
Вознаградить страдальца он.
Ужель создатель запрещает
Несчастных утешать людей?

И девы труп он оживляет
Душою ангельской своей.
И, чудо! кровь в груди остылой
Опять волнуется, кипит,
И взор, волшебной полон силой,
В тени ресниц ее горит.
Так ангел смерти съединился
Со всем, чем только жизнь мила,
Но ум границам подчинился,
И власть — не та уж, как была,
И только в памяти туманной
Хранит он думы прежних лет;
Их появленье Аде странно,
Как ночью метеора свет,
И ей смешна ее беспечность,
И ей грядущее темно,
И чувства, вечные как вечность,
Соединились все в одно.

Желаньям друга посвятила
Она все радости свои,
Как будто смерть и не гасила
В невинном сердце жар любви!..

Однажды на скале прибрежной,
Внимая плеск волны морской,
Задумчив, рядом с Адой нежной,
Сидел изгнанник молодой.
Лучи вечерние златили
Широкий синий океан,
И видно было сквозь туман,
Как паруса вдали бродили.
Большие черные глаза
На друга дева устремляла,
Но в диком сердце бушевала,
Казалось, тайная гроза.
Порой рассеянные взгляды
На красный запад он кидал
И вдруг, взяв тихо руку Ады
И обратившись к ней, сказал:
«Нет! не могу в пустыне доле
Однообразно дни влачить;
Я волен — но душа в неволе:
Ей должно цепи раздробить...
Что жизнь? — давай мне чашу славы,

Хотя бы в ней был смертный яд,
Я не вздрогну — я выпить рад:
Не все ль блаженства — лишь отравы?
Когда-нибудь всё должен я
Оставить ношу бытия...
Скажи, ужель одна могила
Ничтожный в мире будет след
Того, чье сердце столько лет
Мысль о ничтожестве томила?
И мне покойну быть — о нет!..
Взгляни: за этими горами
С могучим войском под шатрами
Стоят два грозные царя;
И завтра, только что заря
Успеет в облаках проснуться,

Труба войны и звук мечей
В пустыне нашей раздадутся.
И к одному из тех царей
Идти как воин я решился,
Но ты не жди, чтоб возвратился
Я побежденным. Нет, скорей
Волна, гонимая волнами
По бесконечности морей,
В приют родимых камышей
Воротится. Но если с нами
Победа будет, я принесть
Клянусь тебе жемчуг и злато,
Себе одну оставлю честь...
И буду счастлив, и тогда-то
Мы заживем с тобой богато...
Я знаю: никогда любовь
Геройский меч не презирала,
Но если б даже ты желала...
Мой друг, я должен видеть кровь!
Верь: для меня ничто угрозы
Судьбы коварной и слепой.
Как? ты бледнеешь?.. слезы? слезы?
Об чем же плакать, ангел мой?»
И ангел-дева отвечает:
«Видал ли ты, как отражает
Ручей склонившийся цветок?
Когда вода не шевелится,
Он неподвижно в ней глядится,
Но, если свежий ветерок

Волну зеленую встревожит
И всколебается волна,
Ужели тень цветочка может
Не колебаться, как она?
Мою судьбу с твоей судьбою
Соединил так точно рок,
Волна — твой образ, мой — цветок.
Ты грустен — я грустна с тобою.
Как знать? — быть может, этот час
Последний счастливый для нас!..»

Зачем в долине сокровенной
От миртов дышит аромат?
Зачем?.. Властители вселенной,
Природу люди осквернят.
Цветок измятый обагрится
Их кровью, и стрела промчится
На место птицы в небесах,
И солнце отуманит прах.
Крик победивших, стон сраженных
Принудят мирных соловьев
Искать в пределах отдаленных
Иных долин, других кустов,
Где красный день, как ночь, спокоен,
Где их царицу, их любовь,
Не стопчет розу мрачный воин
И обагрить не может кровь.

Чу!.. топот... пыль клубится тучей,
И вот звучит труба войны,
И первый свист стрелы летучей
Раздался с каждой стороны!
Новорожденное светило
С лазурной неба вышины
Кровавым блеском озарило
Доспехи ратные бойцов.
Меж тем войска еще сходились
Всё ближе, ближе — и сразились,
И треску копий и щитов,
Казалось, сами удивились.
Но мщенье — царь в душах людей
И удивления сильней.

Была ужасна эта встреча,
Подобно встрече двух громов
В грозу меж дымных облаков.
С успехом равным длилась сеча,
И всё теснилось. Кровь рекой
Лилась везде, мечи блистали,
Как тени знамена блуждали
Над каждой темною толпой,
И с криком смерти роковой
На трупы трупы упадали...

Но отступает наконец
Одна толпа, и побежденный
Уж не противится боец,
И по траве окровавленной
Скользит испуганный беглец.
Один лишь воин, окруженный
Враждебным войском, не хотел
Еще бежать. Из мертвых тел
Вокруг него была ограда...
И тут остался он один.
Он не был царь иль царский сын,
Хоть одарен был силой взгляда
И гордой важностью чела.
Но вдруг коварная стрела
Пронзила витязя младого,
И шумно навзничь он упал,
И кровь струилась... и ни слова
Он, упадая, не сказал,
Когда победный крик раздался,
Как погребальный крик, над ним,
И мимо смелый враг промчался,
Огнем пылая боевым.

На битву издали взирая
С горы кремнистой и крутой,
Стояла Ада молодая,
Одна, волнуема тоской,
Высоко перси подымая,
Боязнью сердце билось в ней,
Всечасно слезы набегали
На очи, полные печали...
О боже! — Для таких очей
Кто не пожертвовал бы славой?
Но Зораиму был милей
Девичьей ласки путь кровавый!
Безумец! ты цены не знал
Всему, всему, чем обладал,
Не ведал ты, что ангел нежный
Оставил рай свой безмятежный,
Чтоб сердце Ады оживить;
Что многих он лишил отрады
В последний миг, чтоб усладить

Твое страданье. Бедной Ады
Мольбу отвергнул хладно ты, —
Возможно ль? ангел красоты
Тебе, изгнанник, не дороже
Надменной и пустой мечты?..
Она глядит и ждет... но что же?
Давно уж в поле тишина,
Враги умчались за врагами,
Лишь искаженными телами
Долина битвы устлана...
Увы! где ангел утешенья?
Где вестник рая молодой?
Он мучим страстию земной
И не услышит их моленья...
Уж солнце низко — Ада ждет...
Всё тихо вкруг... он всё нейдет!..

Она спускается в долину
И видит страшную картину.
Идет меж трупов чуть дыша;
Как у невинного пред казнью,
Надеждой, смешанной с боязнью,
Ее волнуется душа.
Она предчувствовать страшится,
И с каждым шагом воротиться
Она желала б, но любовь
Превозмогла в ней ужас вновь;
Бледны ланиты девы милой,
На грудь склонилась голова...
И вот недвижна! Такова
Была б лилея над могилой!
Где Зораим? Что, если он
Убит? — Но чей раздался стон?
Кто этот раненный стрелою
У ног красавицы? Чей глас
Так сильно душу в ней потряс?

Он мертвых окружен грядою,
Но час кончины и над ним...
Кто ж он? — Свершилось! — Зораим.

«Ты здесь? теперь? — и ты ли, Ада?
О! твой приход мне не отрада!
Зачем? — Для ужасов войны
Твои глаза не созданы,
Смерть не должна быть их предметом.
Тебя излишняя любовь
Вела сюда — что пользы в этом?..
Лишь я хотел увидеть кровь
И вижу... и приход мгновенья,
Когда усну без сновиденья.
Никто — я сам тому виной...
Я гибну! Первою звездой
Нам возвестит судьба разлуку.
Не бойся крови, дай мне руку:
Я виноват перед тобой...
Прости! Ты будешь сиротой,
Ты не найдешь родных, ни крова,
И даже — на груди другого
Не будешь счастлива опять:
Кто может дважды счастье знать?

Мой друг! к чему твои лобзанья
Теперь, столь полные огня?
Они не оживят меня
И увеличат лишь страданья,
Напомнив, как я счастлив был.
О, если б, если б я забыл,
Что в мире есть воспоминанья!
Я чувствую, к груди моей
Всё ближе, ближе смертный холод.
О, кто б подумал, как я молод!
Как много я провел бы дней
С тобою, в тишине глубокой,
Под тенью пальм береговых,
Когда б сегодня рок жестокой
Не обманул надежд моих!..
Еще в стране моей родимой
Гадатель мудрый, всеми чтимый,
Мне предсказал, что час придет —
И громкий подвиг совершу я,

И глас молвы произнесет
Мое названье, торжествуя,
Но...» Тут, как арфы дальней звон,
Его слова невнятны стали,
Глаза всю яркость потеряли
И ослабел приметно он...

Страдальцу Ада не внимала,
Лишь молча крепко обнимала,
Забыв, что у нее уж нет
Чудесной власти прежних лет;
Что поцелуй ее бессильный,
Ничтожный, как ничтожный звук,
Не озаряет тьмы могильной,
Не облегчит последних мук.
Меж тем на своде отдаленном
Одна алмазная звезда
Явилась в блеске неизменном,
Чиста, прекрасна, как всегда,
И мнилось: луч ее не знает,
Что на земле он озаряет:
Так он игриво нисходил
На жертву тленья и могил.
И Зораим хотел напрасно
Последним ласкам отвечать.
Всё, всё, что может он сказать, —
Уныло, мрачно, но не страстно!
Уж пламень слез ее не жжет
Ланиты, хладные как лед,
Уж тихо каплет кровь из раны.
И с криком, точно дух ночной,
Над ослабевшей головой
Летает коршун, гость незваный.
И грустно юноша взглянул
На отдаленное светило,
Взглянул он в очи деве милой,
Привстал — и вздрогнул — и вздохнул —
И умер. С синими губами
И с побелевшими глазами,
Лик — прежде нежный — был страшней
Всего, что страшно для людей.

Чья тень, прозрачной мглой одета,
Как заблудившийся луч света,

С земли возносится туда,
Где блещет первая звезда?
Венец играет серебристый
Над тихим, радостным челом,
И долго виден след огнистый
За нею в сумраке ночном...
То ангел смерти, смертью тленной
От уз земных освобожденный!..
Он тело девы бросил в прах:
Его отчизна в небесах.
Там всё, что он любил земного,
Он встретит и полюбит снова!..

Всё тот же он, и власть его —
Не изменилась ничего;
Прошло печали в нем волненье,
Как улетает призрак сна,
И только хладное презренье
К земле оставила она:
За гибель друга в нем осталось
Желанье миру мстить всему;
И ненависть к другим, казалось,
Была любовию к нему,
Всё тот же он — и бесконечность,
Как мысль, он может пролетать
И может взором измерять
Лета, века и даже вечность.
Но ангел смерти молодой
Простился с прежней добротой;
Людей узнал он: «Состраданья
Они не могут заслужить;
Не награжденье — наказанье
Последний миг их должен быть.
Они коварны и жестоки,
Их добродетели — пороки,
И жизнь им в тягость с юных лет...»
Так думал он — зачем же нет?..

Его неизбежимой встречи
Боится каждый с этих пор;
Как меч — его пронзает взор;
Его приветственные речи
Тревожат нас, как злой укор,
И льда хладней его объятье,
И поцелуй его — проклятье!..

ЛИТВИНКА

Повесть

1

Чей старый терем на горе крутой
Рисуется с зубчатою стеной?
Бессменный царь синеющих полей,
Кого хранит он твердостью своей?
Кто темным сводам поверять привык
Молитвы шепот и веселья клик?
Его владельца назову я вам:
Под именем Арсения друзьям
И недругам своим он был знаком
И не мечтал об имени другом.
Его права оспоривать не смел
Еще никто, — он больше не хотел!

Не ведал он владыки и суда,
Не посещал соседей никогда.
Богатый в мире, славный на войне,
Когда к нему являлися оне —
Он убегал доверчивых бесед,
Презрением дышал его привет;
Он даже лаской гостя унижал,
Хотя, быть может, сам того не знал;
Не потому ль, что слишком рано он
Повелевать толпе был приучен?

2

На ложе наслажденья и в бою
Провел Арсений молодость свою.
Когда звучал удар его меча
И красная являлась епанча,
Бежал татарин и бежал литвин;
И часто стоил войска он один!
Вся в ранах грудь отважного была,
И посреди морщин его чела,
Приличнейший наряд для всяких лет,
Краснел рубец, литовской сабли след!

3

И, возвратясь домой с полей войны,
Он не прижал к устам уста жены,
Он не привез парчи ей дорогой,
Отбитой у татарки кочевой,
И даже для подарка не сберег
Ни жемчугов, ни золотых серег.
И, возвратясь в забытый старый дом,
Он не спросил о сыне молодом,
О подвигах своих в чужой стране
Он не хотел рассказывать жене.
И в час свиданья радости слеза
Хоть озарила нежные глаза,
Но прежде чем упасть она могла —
Страдания слезою уж была.
Он изменил ей! Что святой обряд
Тому, кто ищет лишь земных наград?
Как путники небесны, облака,
Свободно сердце, и любовь легка...

4

Два дня прошло — и юная жена
Исчезла, и старуха лишь одна
Изгнанье разделить решилась с ней
В монастыре, далёко от людей
(И потому не ближе к небесам).

Их жизнь — одна молитва будет там!
Но женщины обманутой душа,
Для света умертвясь и им дыша,
Могла ль забыть того, кто столько лет
Один был для нее и жизнь и свет?
Он изменил! увы! Но потому
Ужель ей должно изменить ему?
Печаль несчастной жертвы и закон —
Всё презирал для новой страсти он,
Для пленницы, литвинки молодой,
Для гордой девы из земли чужой.
В угодность ей, за пару сладких слов
Из хитрых уст, Арсений был готов
На жертву принести жену, детей,
Отчизну, душу — всё в угодность ей!

5

Светило дня, краснея сквозь туман,
Садится горделиво за курган,
И, отделив ряды дождливых туч,
Вдоль по земле скользит прощальный луч
Так сладостно, так тихо и светло,
Как будто мира мрачное чело
Его любви достойно! Наконец
Оставил он долину и, венец
Горы высокой, терем озарил
И пламень свой негреющий разлил
По стеклам расписным светлицы той,
Где так недавно с радостью живой,
Облокотясь на столик, у окна,
Ждала супруга верная жена,
Где с детскою досадой сын ее
Чуть поднимал отцовское копье.
Теперь... где сын и мать? На месте их
Сидит литвинка, дочь степей чужих.
Безмолвная подруга лучших дней,
Расстроенная лютня перед ней;
И, по струне оборванной скользя,
Блестит зари последняя струя.
Устала Клара от душевных бурь...

И очи голубые, как лазурь,
Она сидит, на запад устремив,
Но не зари пленял ее разлив:
Там родина! Певец и воин там
Не раз к ее склонялися ногам!
Там вольны девы! Там никто бы ей
Не смел сказать: хочу любви твоей!..

6

Она должна с покорностью немой
Любить того, кто грозною войной
Опустошил поля ее отцов;
Она должна приветы нежных слов
Затверживать и ненависть, тоску
Учить любви святому языку;
Младую грудь к волненью принуждать
И страстью небывалой объяснять
Летучий вздох и влажный пламень глаз;
Она должна... Но мщенью будет час!

7

Вечерний пир готов; рабы шумят.
В покоях пышных блещет свет лампад;
В серебряном ковше кипит вино;
К его парам привыкнувший давно,
Арсений пьет янтарную струю,
Чтоб этим совесть потопить свою!
И пленница, его встречая взор,
Читает в нем к веселью приговор,
И ложная улыбка, громкий смех,
Кроме ее, обманывают всех.
И, веря той улыбке, восхищен
Арсений, и литвинку обнял он, —
И кудри золотых ее волос,
Нежнее шелка и душистей роз,
Скатилися прозрачной пеленой
На грубый лик, отмеченный войной.
Лукаво посмотрев, принявши вид
Невольной грусти, Клара говорит:

«Ты любишь ли меня?» — «Какой вопрос? —
Воскликнул он. — Кто ж больше перенес
И для тебя так много погубил,
Как я? — и твой Арсений не любил?
И, — человек, — я б мог обнять тебя,
Не трепеща душою, не любя?
О, шутками меня не искушай!
Мой ад среди людских забот — мой рай
У ног твоих! — и если я не тут,
И если рук моих твои не жмут,
Дворец и плаха для меня равны,
Досадой дни мои отравлены!
Я непорочен у груди твоей,
Суров и дик между других людей!
Тебе в колена голову склонив,
Я, как дитя, беспечен и счастлив,
И теплое дыханье уст твоих
Приятней мне курений дорогих!
Ты рождена, чтобы повелевать:
Моя любовь то может доказать.
Пусть я твой раб — но лишь не раб судьбы!
Достойны ли тебя ее рабы?
Поверь, когда б меня не создал бог,
Он ниспослать бы в мир тебя не мог».

8

«О, если б точно ты любил меня! —
Сказала Клара, голову склоня. —
Я не жила бы в тереме твоем.
Ты говоришь: он мой! — а что мне в нем?
Богатством дивным, гордой высотой
Очам он мил, но сердцу он чужой.
Здесь в роще воды чистые текут —
Но речку ту не Вилией зовут;
И ветер, здесь колеблющий траву,
Мне не приносит песни про Литву!

Нет! русский, я не верую любви!
Без милой воли что дары твои?»
И отвернулась Клара, и укор

Изобразил презренья хладный взор.
Недвижим был Арсений близ нее,
И, кроме воли, отдал бы он всё,
Чтоб получить один, один лишь взгляд
Из тех, которых всё блаженство — яд.

9

Но что за гость является ночной?
Стучит в ворота сильною рукой,
И сторож, быстро пробудясь от сна,
Кричит: «Кто там?» — «Впустите! ночь темна!
В долине буря свищет и ревет,
Как дикий зверь, и тмит небесный свод,
Впустите обогреться хоть на час,
А завтра, завтра мы оставим вас,
Но никогда в молениях своих
Гостеприимный кров степей чужих
Мы не забудем!» Страж не отвечал,
Но ключ в замке упрямом завизжал,
Об доски тяжкий загремел затвор,
Расхлопнулись ворота — и на двор
Два странника въезжают. Фонарем
Озарены, идут в господский дом.
Широкий плащ на каждом, и порой
Звенит и блещет что-то под полой.

10

Арсений приглашает их за стол
И с ними речь приветную завел,
Но странники, хоть им владелец рад,
Не много пьют и меньше говорят.
Один из них еще во цвете лет,
Другой, согбенный жизнью, худ и сед,
И по речам заметно, что привык
Употреблять не русский он язык.
И младший гость по виду был смелей:
Он не сводил пронзительных очей
С литвинки молодой, и взор его
Для многих бы не значил ничего...

Но, видно, ей когда-то был знаком
Тот дикий взор с возвышенным челом!
Иль что-нибудь он ей о прошлых днях
Напоминал! — Как знать?—Не женский страх
Ее заставил вздрогнуть, и вздохнуть,
И голову поспешно отвернуть,
И белою рукой закрыть глаза,
Чтоб изменить не смела ей слеза!..

11

«Ты побледнела, Клара?» — «Я больна!»
И в комнату свою спешит она.
Окно открывши, села перед ним,
Чтоб освежиться воздухом ночным.
Туман в широком поле, огонек
Блестит вдали, забыт и одинок;
И ветер, нарушитель тишины,
Шумит, скользя во мраке вдоль стены;
То лай собак, то колокола звон
Его дыханьем в поле разнесен.
И Клара внемлет. О, как много дум
Вмещал в себе беспечный, резвый ум;
О! если б кто-нибудь увидеть мог
Хоть половину всех ее тревог,
Он на себя, не смея измерять,
Всю тягость их решился бы принять,
Чтобы чело, где радость и любовь
Сменялись прежде, прояснилось вновь,
Чтоб заиграл румянец на щеках,
Как радуга в вечерних облаках...
И что могло так деву взволновать?
Не пришлецы ль? Но где и как узнать?
Чем для души страдания сильней,
Тем вечный след их глубже тонет в ней,
Покуда всё, что небом ей дано,
Не превратят в страдание одно.

12

Раздвинул тучи месяц золотой,
Как херувим духов враждебных рой,

Как упованья сладостный привет
От сердца гонит память прошлых бед.
Свидетель равнодушный тайн и дел,
Которых день узнать бы не хотел,
А тьма укрыть, он странствует один,
Небесной степи бледный властелин.
Обрисовав литвинки юный лик,
В окно светлицы луч его проник
И, придавая чудный блеск стеклу,
Беспечно разыгрался на полу,
И озарил персидский он ковер,
Высоких стен единственный убор.
Но что за звук раздался за стеной?
Протяжный стон, исторгнутый тоской,
Подобный звуку песни... если б он
Неведомым певцом был повторен...
Но вот опять! Так точно... Кто ж поет?
Ты, пленница, узнала! верно, тот,
Чей взор туманный, с пасмурным челом,
Тебя смутил, тебе давно знаком!
Несбыточным мечтаньям предана,
К окну склонившись, думает она:
В одной Литве так сладко лишь поют!
Туда, туда меня они зовут,
И им отозвался в груди моей
Такой же звук, залог счастливых дней!

13

Минувшее дышало в песни той,
Как вольность — вольной, как она — простой;
И всё, чем сердцу родина мила,
В родимой песни пленница нашла.
И в этом наслажденье был упрек;
И всё, что женской гордости лишь мог
Внушить позор, явилось перед ней,
Хладней презренья, мщения страшней.
Она схватила лютню, и струна
Звенит, звенит... и вдруг, пробуждена
Восторгом и надеждою, в ответ

Запела дева!.. Этой песни нет
Нигде. Она мгновенна лишь была,
И в чьей груди родилась — умерла.

И понял, кто внимал! Не мудрено:
Понятье о небесном нам дано,
Но слишком для земли нас создал бог,
Чтоб кто-нибудь ее запомнить мог.

14

Взошла заря, и отделился лес
Стеной зубчатой на краю небес.
Но отчего же сторож у ворот
Молчит и в доску медную не бьет?
Что терем не обходит он кругом?
Ужель он спит? Он спит — но вечным сном!
Тяжелый кинут на землю затвор;
И близ него старик: закрытый взор,
Уста и руки сжаты навсегда,
И вся в крови седая борода.
Сбежалась куча боязливых слуг;
С бездействием отчаянья вокруг
Убитого, при первом свете дня,
Они стояли, головы склоня;
И каждый состраданием пылал,
Но что начать, никто из них не знал.
И где ночной убийца? Чья рука
Не дрогнула над сердцем старика?
Кто растворил высокое окно
И узкое оттуда полотно
Спустил на двор? Чей пояс голубой
В песке затоптан маленькой ногой?
Где странники? К воротам виден след...
Понятно всё... их нет! — и Клары нет!

15

И долго неожиданную весть
Никто не смел Арсению принесть.
Но наконец решились: он внимал,

Хотел вскочить и неподвижен стал,
Как мраморный кумир, как бы мертвец,
С открытым взором встретивший конец!
И этот взор, не зря, смотрел вперед,
Блестя огнем, был холоден как лед,

Рука, сомкнувшись, кверху поднялась,
И речь от синих губ оторвалась:
На клятву походила речь его,
Но в ней никто не понял ничего;
Она была на языке родном —
Но глухо пронеслась, как дальний гром!..

16

Бежали дни, Арсений стал опять,
Как прежде, видеть, слышать, понимать,
Но сердце, пораженное тоской,
Уж было мёртво — хоть в груди живой.
Умел изгнать он из него любовь.
Но, что прошло, небывшим сделать вновь
Кто под луной умеет? Кто мечтам
Назначит круг заветный, как словам?
И от души какая может власть
Отсечь ее мучительную часть?
Бежали дни, ничем уж не был он
Отныне опечален, удивлен;
Над ним висеть, чернеть гроза могла,
Не изменив обычный цвет чела.
Но если он, не зная отвести,
Удар судьбы умел перенести,
Но если показать он не желал,
Что мог страдать, как некогда страдал,
То язва, им презренная, потом
Всё становилась глубже — день за днем! —
Он Клару не умел бы пережить,
Когда бы только смерть... но изменить?
И прежде презирал уж он людей,
Отныне из безумца — стал злодей.
И чем же мог он сделаться другим,
С его умом и сердцем огневым?

17

Есть сумерки души, несчастья след,
Когда ни мрака в ней, ни света нет.
Она сама собою стеснена,
Жизнь ненавистна ей и смерть страшна;

И небо обвинить нельзя ни в чем,
И как назло всё весело кругом!
В прекрасном мире — жертва тайных мук,
В созвучии вселенной — ложный звук,
Она встречает блеск природы всей,
Как встретил бы улыбку палачей
Приговоренный к казни! И назад
Она кидает беспокойный взгляд,
Но след волны потерян в бездне вод,
И лист отпавший вновь не зацветет!
Есть демон, сокрушитель благ земных,
Он радость нам дарит на краткий миг,
Чтобы удар судьбы сразил скорей.
Враг истины, враг неба и людей,
Наш слабый дух ожесточает он,
Пока страданья не умчат как сон
Всё, что мы в жизни ценим только раз,
Всё, что ему еще завидно в нас!..

18

Против Литвы пошел великий князь.
Его дружины, местью воспалясь,
Грозят полям и рощам той страны,
Где загорится пламенник войны.
Желая защищать свои права,
Дрожит за вольность гордая Литва,
И клевы хищных птиц, и зуб волков
Скользят уж по костям ее сынов.

19

И в русский стан, осенним, серым днем,
Явился раз, один, без слуг, пешком,

Боец, известный храбростью своей, —
И сделался предметом всех речей.
Давно не поднимал он щит и шлем,
Заржавленный покоем! И зачем
Явился он? Не честь страны родной
Он защищать хотел своей рукой;
И между многих вражеских сердец
Одно лишь поразить хотел боец.

20

Вдоль по реке с бегущею волной
Разносит ветер бранный шум и вой!
В широком поле цвет своих дружин
Свели сегодня русский и литвин.
Чертой багряной серый небосклон
От голубых полей уж отделен,
Темнеют облака на небесах,
И вихрь несет в глаза песок и прах:
Всё бой кипит; и гнется русский строй,
И, окружен отчаянной толпой,
Хотел бежать... но чей знакомый глас
Все души чудной силою потряс?
Явился воин: красный плащ на нем,
Он без щита, он уронил шелом;
Вооружен секирою стальной,
Предстал — и враг валится, и другой,
С запекшеюся кровью на устах,
Упал с ним рядом. Обнял тайный страх
Сынов Литвы: ослушные кони
Браздам не верят! Тщетно бы они
Хотели вновь победу удержать:
Их гонят, бьют, они должны бежать!
Но даже в бегстве, обратясь назад,
Они ударов тяжких сыплют град.

21

Арсений был чудесный тот боец.
Он кровию решился наконец
Огонь в груди проснувшийся залить.

Он ненавидит мир, чтоб не любить
Одно созданье! Кучи мертвецов
Кругом него простерты без щитов,
И радостью блистает этот взор,
Которым месть владеет с давных пор.
Арсений шел, опередив своих,
Как метеор меж облаков ночных.
Когда ж заметил он, что был один
Среди жестоких, вражеских дружин,
То было поздно! «Вижу, час настал!» —
Подумал он, и меч его искал

Своей последней жертвы. «Это он!» —
За ним воскликнул кто-то. Поражен,
Арсений обернулся — и хотел
Проклятье произнесть, но не умел.
Как ангел брани, в легком шишаке,
Стояла Клара с саблею в руке,
И юноши теснилися за ней,
И, словом и движением очей
Распоряжая пылкою толпой,
Она была, казалось, их судьбой.
И, встретивши Арсения, она
Не вздрогнула, не сделалась бледна,
И тверд был голос девы молодой,
Когда, взмахнувши белою рукой,
Она сказала: «Воины! вперед!
Надежды нет, покуда не падет
Надменный этот русский! Перед ним
Они бегут — но мы не побежим.
Кто первый мне его покажет кровь,
Тому моя рука, моя любовь!»

22

Арсений отвернул надменный взор,
Когда он услыхал свой приговор.
«И ты против меня!» — воскликнул он,
Но эта речь была скорее стон,
Как будто сердца лучшая струна
В тот самый миг была оборвана.

С презреньем меч свой бросил он потом
И обернулся медленно плащом,
Чтобы из них никто сказать не смел,
Что в час конца Арсений побледнел.
И три копья пронзили эту грудь,
Которой так хотелось отдохнуть,
Где столько лет с добром боролось зло,
И наконец оно превозмогло.
Как царь дубровы, гордо он упал,
Не вздрогнул, не взглянул, не закричал.
Хотя б молитву или злой упрек
Он произнес! Но нет! он был далек
От этих чувств: он век счастливый свой
Опередил неверящей душой;

Он кончил жизнь с досадой на челе,
Жалея, мысля об одной земле, —
Свой ад и рай он здесь умел сыскать.
Других не знал и не хотел он знать!..

23

И опустел его высокий дом,
И странников не угощают в нем;
И двор зарос зеленою травой,
И пыль покрыла серой пеленой
Святые образа, дубовый стол
И пестрые ковры; и гладкий пол
Не скрыпнет уж под легкою ногой
Красавицы лукавой и младой.
Ни острый меч в серебряных ножнах,
Ни шлем стальной не блещут на стенах —
Они забыты в поле роковом,
Где он погиб! В покое лишь одном
Всё, всё как прежде: лютня у окна,
И вкруг нее обвитая струна,
И две одежды женские лежат
На мягком ложе, будто бы назад
Тому лишь день, как дева стран чужих
Сюда небрежно положила их.

И, раздувая полог парчевой,
Скользит по ним прохладный ветр ночной,
Когда сквозь тонкий занавес окна
Глядит луна — нескромная луна!

24

Есть монастырь, и там в неделю раз
За упокой молящих слышен глас,
И с честию пред набожной толпой
Арсений поминается порой.
И блещет в церкви длинный ряд гробов,
Украшенный гербом его отцов,
Но никогда меж них не будет тот,
С которым славный кончился их род.
Ни свежий дерн, ни пышный мавзолей
Не тяготит сырых его костей;

Никто об нем не плакал... лишь одна
Монахиня!.. Бог знает, кто она?
Бог знает, что пришло на мысли ей
Жалеть о том, кто не жалел об ней!..
Увы! Он не любил, он не жалел,
Он даже быть любимым не хотел,
И для нее одной был он жесток,
Но разве лучше поступил с ним рок?
И как не плакать вечно ей о том,
Кто так обманут был, с таким умом,
Кто на земле с ней разлучен судьбой
И к счастью не воскреснет в жизни той?..
В печальном только сердце может страсть
Иметь неограниченную власть:
Так в трещине развалин иногда
Береза вырастает, молода
И зелена — и взоры веселит,
И украшает сумрачный гранит!
И часто отдыхающий прошлец
Грустит об ней и мыслит: наконец
Порывам бурь и зною предана,
Увянет преждевременно она!..
Но что ж! — усилья вихря и дождей

Не могут обнажить ее корней,
И пыльный лист, встречая жар дневной,
Трепещет всё на ветке молодой!..

КАВКАЗСКИЙ ПЛЕНИК

ЧАСТЬ ПЕРВАЯ

"Geniesse und leide!
Dulde und entbehre!
Liebe, hoff' und glaube!"
Conz.

Наслаждайся и страдай!
Терпи и смиряйся!
Люби, надейся и верь!
Конц (нем.).

I

В большом ауле, под горою,
Близ саклей дымных и простых,
Черкесы позднею порою
Сидят - о конях удалых
Заводят речь, о метких стрелах,
О разоренных ими селах;
И с ними как дрался казак,
И как на русских нападали,
Как их пленили, побеждали. -
- Курят беспечно свой табак,
И дым, виясь, летит над ними -
- Иль, стукнув шашками своими,
Песнь горцев громко запоют.
Иные на коней садятся,

Но перед тем как расставаться,
Друг другу руку подают.

II

Меж тем, черкешенки младые
Взбегают на горы крутые
И в темну даль глядят - но пыль
Лежит спокойно по дороги;
И не шелохнется ковыль,
Не слышно шума ни тревоги.
Там Терек издали кружит,
Меж скал пустынных протекает
И пеной зыбкой орошает
Высокий берег - лес молчит;
Лишь изредка олень пугливый
Через пустыню пробежит;
Или коней табун игривый
Молчанье дола возмутит.

III

Лежал ковер цветов, узорный,
По той горе и по холмам;
Внизу сверкал поток нагорный,
И тек струисто по кремням...
...Черкешенки к нему сбежались,
Водою чистой умывались.
Со смехом младости простым
На дно прозрачное иные
Бросали кольца дорогие;
И к волосам своим густым
Цветы весенние вплетали;
Гляделися в зерцало вод,
И лица их в нем трепетали.
Сплетаясь в тихий хоровод,
Восточны песни напевали;
И близ аула, под горой
Сидели резвою толпой;
И звуки песни произвольной
Ущелья вторили невольно.

IV

Последний солнца луч златой
На льдах сребристых догорает,
И Эльборус своей главой
Его, как туча, закрывает.

Уж раздалось мычанье стад,
И ржанье табунов веселых;
Они с полей идут назад....
.... Но что за звук цепей тяжелых?
Зачем печаль сих пастухов?
Увы! то пленники младые,
Утратив годы золотые,
В пустыне гор, в глуши лесов,
Близ Терека пасут уныло
Черкесов тучные стада:
Воспоминая то, что было,
И что не будет никогда!
Как счастье тщетно их ласкало,
Как оставляло наконец,
И как оно мечтою стало!....
... И нет к ним жалостных сердец!
Они в цепях, они рабами!
Сливалось все как в мутном сне,
Души не чувствуя, оне
Уж видят гроб перед очами.
Несчастные! в чужом краю!
Исчезли сердца упованьи;
В одних слезах, в одном страданьи
Отраду зрят они свою.

V

Надежды нет им возвратиться,
Но сердце поневоле мчится
В родимый край. - Они душой
Тонули в думе роковой.

Но пыль взвивалась над холмами
От стад и борзых табунов;

Они усталыми шагами
Идут домой. - Лай верных псов
Не раздавался вкруг аула;
Природа шумная уснула;
Лишь слышен дев издалека
Напев унылый. - Вторят горы,
И нежен он как птичек хоры,
Как шум приветный ручейка: -

ПЕСНЯ

I

Как сильной грозою,
Сосну вдруг согнет;
Пронзенный стрелою,
Как лев заревет;
Так русский средь бою
Пред нашим падет;
И смелой рукою
Чеченец возьмет
Броню золотую
И саблю стальную,
И в горы уйдет.

II

Ни конь оживленный
Военной трубой,
Ни варвар смятенный
Внезапной борьбой,
Страшней не трепещет,
Когда вдруг заблещет
Кинжал роковой.

Внимали пленники уныло
Печальной песни сей для них,
И сердце в грусти страшно ныло. -
.... Ведут черкесы к сакле их;

И, привязавши у забора,
Ушли. - Меж них огонь трещит;
Но не смыкает сон их взора,
Не могут горесть дня забыть.

VI

Льет месяц томное сиянье.
Черкесы храбрые не спят;
У них шумливое собранье:
На русских нападать хотят.
Вокруг оседланные кони;
Серебряные блещут брони;
На каждом лук, кинжал, колчан,
И шашка на ремнях наборных,
Два пистолета и аркан,
Ружьё; и в бурках, в шапках черных
К набегу стар и млад готов,
И слышен топот табунов.
Вдруг пыль взвилася над горами,
И слышен стук издалека;
Черкесы смотрят: меж кустами
Гирея видно, ездока!

VII

Он понуждал рукой могучей
Коня, приталкивал ногой,
И влек за ним аркан летучий
Младого пленника собой.
Гирей приблизился - веревкой
Был связан русский, чуть живой.
- Черкес спрыгнул, - рукою ловкой
Разрезывал канат; - но он
Лежал на камне - смертный сон
Летал над юной головою....

Черкесы скачут уж - как раз
Сокрылись за горой крутою;
Уроком бьет полночный час.

VIII

От смерти лишь из сожаленья
Младого русского спасли;
Его к товарищам снесли. -
- Забывши про свои мученья,
Они, не отступая прочь,
Сидели близ него всю ночь...

И бледный лик, в крови омытый,
Горел в щеках - он чуть дышал,
И смертным холодом облитый,
Протягшись на траве лежал.

IX

Уж полдень, прямо над аулом,
На светло-синей высоте,
Сиял в обычной красоте.
Сливалися с протяжным гулом
Стадов черкесских - по холмам
Дыханье ветерков проворных
И ропот ручейков нагорных
И пенье птичек по кустам.
Хребта Кавказского вершины
Пронзали синеву небес,
И оперял дремучий лес
Его зубчатые стремнины.
Обложен степенями гор
Расцвел узорчатый ковер;
Там под столетними дубами,
В тени, окованный цепями,
Лежал наш пленник на траве.
В слезах склонясь к младой главе,
Товарищи его несчастья
Водой старались оживить;
(Но ах! утраченного счастья
Никто не мог уж возвратить...)

Вот он вздохнувши приподнялся,
И взор его уж открывался!

Вот он взглянул!..... затрепетал.
.. Он с незабытыми друзьями! -
- Он вспыхнув загремел цепями.
.... Ужасный звук все, все сказал!!
Несчастный залился слезами,
На грудь к товарищам упал,
И горько плакал и рыдал.

X

Счастлив еще: его мученья
Друзья готовы разделять
И вместе плакать и страдать....
... Но кто сего уж утешенья
Лишен в сей жизни слез и бед,
Кто в цвете юных пылких лет
Лишен того, чем сердце льстило,
Чем счастье издали манило....
И если годы унесли
(Пору цветов) искать как прежде
Минутной радости в надежде;
Пусть не живет тот на земли. -

XI

Так пленник мой, с родной страною
Почти навек: прости сказал!
Терзался прошлою мечтою,
Ее места воспоминал:
Где он провел златую младость,
Где испытал и жизни сладость,
Где много милого любил,
Где знал веселье и страданьи,
Где он, несчастный, погубил
Святые сердца упованья....

XII

Он слышал слово: навсегда!
И обреченный тяжкой долей,

Почти дружился он с неволей.
- С товарищами иногда
Он пас черкесские стада.
Глядел он с ними, как лавины
Катятся с гор и как шумят;
Как лавой снежною блестят,
Как ими кроются долины;
Хотя цепями скован был,
Но часто к Тереку ходил.
И слушал он, как волны воют,
Подошвы скал угрюмых роют,
Текут, средь дебрей и лесов.....
... Смотрел, как в высоте холмов
Блестят огни сторожевые;
И как вокруг них казаки
Глядят на мутный ток реки,
Склонясь на копья боевые. -
- Ах! как желал бы там он быть;
Но цепь мешала переплыть.

XIII

Когда же полдень над главою
Горел в лучах, то пленник мой
Сидел в пещере, где от зною
Он мог сокрыться. Под горой
Ходили табуны. - Лежали
В тени другие пастухи,
В кустах, в траве, и близ реки,
В которой жажду утоляли....
... И там-то пленник мой глядит:
Как иногда орел летит,
По ветру крылья простирает,
И видя жертвы меж кустов,
Когтьми хватает вдруг, - и вновь
Их с криком кверху поднимает...
.. Так! думал он, я жертва та,
Котора в пищу им взята.

XIV

Смотрел он также, как кустами,
Иль синей степью, по горам,
Сайгаки, с быстрыми ногами,
По камням острым, по кремням,
Летят, стремнины презирая.....
Иль как олень и лань младая,
Услыша пенье птиц в кустах,
Со скал, не шевелясь внимают -
И вдруг, внезапно исчезают,
Взвивая вверх песок и прах.

XV

Смотрел, как горцы мчатся к бою;
Иль скачут смело над рекою;
- Остановились - лошадей
Толкают смелою ногою....
И вдруг припав к луке своей,
Близ берегов они мелькают,
Стремят - и снова поскакав,
С утеса падают стремглав
И.........
.... шумно в брызгах исчезают -
Потом плывут, и достигают
Уже противных берегов,
Они уж там, и в тме лесов
Себя от казаков скрывают:
... Куда глядите, казаки?
Смотрите, волны у реки
Седою пеной забелели!
Смотрите, враны на дубах
Вострепенулись, улетели,
Сокрылись с криком на холмах!
- Черкесы путника арканом
В свои ущелья завлекут...
И, скрытые ночным туманом,
Оковы, смерть вам нанесут.

XVI

И часто, отгоняя сон,
В глухую полночь смотрит он
Как иногда черкес чрез Терек
Плывет на верном тулуке,
Бушуют волны на реке,
В тумане виден дальний берег;
На пне пред ним висят кругом
Его оружия стальные:
Колчан, лук, стрелы боевые;
И шашка острая, ремнем
Привязана, звенит на нем,
Как точка в волнах он мелькает,
То виден вдруг, то исчезает:
.. Вот он причалил к берегам.
Беда беспечным казакам!
Не зреть уж им родного Дона,
Не слышать колоколов звона!
Уже чеченец под горой,
Железная кольчуга блещет;
Уж лук звенит, стрела трепещет,
Удар несется роковой.....
- Казак! казак! увы, несчастный!
Зачем злодей тебя убил?
Зачем же твой свинец опасный
Его так быстро не сразил?...

XVII

Так пленник бедный мой уныло,
Хоть сам под бременем оков,
Смотрел на гибель казаков.
- Когда ж полночное светило
Восходит, близ забора он
Лежит в ауле - тихий сон
Лишь редко очи закрывает.
С товарищами - вспоминает
О милой той родной стране; -
Грустит; но больше чем оне.
.... Оставив там залог прелестный,

Свободу, счастье, что любил,
Пустился он в край неизвестный,
И... все в краю том погубил. Частьвторая

ЧАСТЬ ВТОРАЯ

XVIII

Однажды погружась в мечтанье,
Сидел он позднею порой;
На темном своде без сиянья
Бесцветный месяц молодой
Стоял, и луч дрожащий бледной
Лежал на зелени холмов,
И тени шаткие дерев
Как призраки на крыше бедной,
Черкесской сакли прилегли.
В ней огонек уже зажгли,
Краснея он, в лампаде медной,
Чуть освещал большой забор:
... Все спит: холмы, река и бор. -

XIX

Но кто в ночной тени мелькает?
Кто легкой тенью, меж кустов,
Подходит ближе, чуть ступает,
Все ближе... ближе.. через ров
Идет бредучею стопою?.....
.... Вдруг видит он перед собою:
С улыбкой жалости немой
Стоит черкешенка младая!
Дает заботливой рукой
Хлеб и кумыс прохладный свой,
Пред ним колена преклоняя.
И взор ее изобразил
Души порыв, как бы смятенной.

- Но пищу принял русский пленной.
И знаком ей благодарил.

XX

И долго, долго, как немая,
Стояла дева молодая.
И взгляд как будто говорил:
“Утешь себя, невольник милый;
Еще не все ты погубил”.
И вздох не тяжкий, но унылый
В груди раздался молодой; -
Потом чрез вал она крутой
Домой пошла тропою мшистой,
И скрылась вдруг в дали тенистой,
Как некий призрак гробовой.
И только девы покрывало
Еще очам вдали мелькало,
И долго, долго пленник мой
Смотрел ей вслед - она сокрылась.
Подумал он: но почему
Она к несчастью моему
С такою жалостью склонилась -
Он ночь всю не смыкал очей;
Уснул за час лишь пред зарей.

XXI

Четверту ночь к нему ходила
Она и пищу приносила;
Но пленник часто все молчал,
Словам печальным не внимал;
Ах! сердце полное волнений
Чуждалось новых впечатлений;
Он не хотел ее любить.
И что за радости в чужбине,
В его плену, в его судьбине?
Не мог он прежнее забыть -
... Хотел он благодарным быть,
Но сердце жаркое терялось
В его страдании немом,

И как в тумане зыбком, в нем
Без отголоска поглощалось!...
.. Оно и в шуме, и в тиши
Тревожит сон его души.

XXII

Всегда он с думою унылой
В ее блистающих очах
Встречает образ вечно милой.
В ее приветливых речах
Знакомые он слышит звуки...
И к призраку стремятся руки;
Он вспомнил все - ее зовет..
... Но вдруг очнулся - ах! несчастной,
В какой он бездне здесь ужасной;
- Уж жизнь его не расцветет. -
- Он гаснет, гаснет, увядает,
Как цвет прекрасный на заре;
Как пламень юный, потухает
На освещенном алтаре!!!

XXIII

Не понял он ее стремленья,
Ее печали и волненья;
Не думал он, чтобы она
Из жалости одной пришла,
Взглянувши на его мученья;
Не думал также, чтоб любовь
Точила сердце в ней и кровь;
И в страшном был недоуменьи.
Но в эту ночь ее он ждал....
Настала ночь уж роковая;
И сон от очей отгоняя,
В пещере пленник мой лежал.

XXIV

Поднялся ветер той порою,
Качал во мраке дерева,

И свист его подобен вою -
Как воет полночью сова.
Сквозь листья дождик пробирался;
Вдали на тучах гром катался;
Блистая, молния струей
Пещеру темну озаряла;
Где пленник бедный мой лежал,
Он весь промок, и весь дрожал....
... Гроза по-малу утихала;
Лишь капала вода с дерев;
Кой-где потоки меж холмов
Струею мутною бежали
И в Терек с брызгами впадали.
Черкесов в темном поле нет..
- И тучи врозь уж разбегают,
И кой-где звездочки мелькают;
Проглянет скоро лунный свет.

XXV

И вот над ним луна златая
На легком облаке всплыла;
И в верх небесного стекла,
По сводам голубым играя,
Блестящий шар свой провела.
Покрылись пеленой сребристой
Холмы, леса и луг с рекой.
Но кто печальною стопой
Идет один тропой гористой?
Она... с кинжалом и пилой; -
Зачем же ей кинжал булатный?
Ужель идет на подвиг ратный!
Ужель идет на тайный бой!...
Ах, нет! наполнена волнений,
Печальных дум и размышлений,
К пещере подошла она;
И голос раздался известной;..
Очнулся пленник как от сна,
И в глубине пещеры тесной
Садятся...... долго они там
Не смели воли дать словам..

Вдруг дева шагом осторожным
К нему вздохнувши подошла;
И руку взяв, с приветом нежным,
С горячим чувством, но мятежным,
Слова печальны начала:

XXVI

“Ах! русский! русский! что с тобою!
Почто ты с жалостью немою,
Печален, хладен, молчалив,
На мой отчаянный призыв..
Еще имеешь в свете друга -
Еще не все ты потерял....
Готова я часы досуга
С тобой делить. Но ты сказал,
Что любишь, русский, ты другую.
Ее бежит за мною тень,
И вот об чем, и ночь и день,
Я плачу, вот об чем тоскую...
Забудь ее, готова я
С тобой бежать на край вселенной!
Забудь ее, люби меня,
Твоей подругой неизменной”...
Но пленник сердца своего
Не мог открыть, в тоске глубокой;
И слезы девы черноокой
Души не трогали его......
“Так, русский, ты спасен! но прежде
Скажи мне: жить иль умереть?!!
Скажи, забыть ли о надежде?....
Иль слезы эти утереть?”

XXVII

Тут вдруг поднялся он; блеснули
Его прелестные глаза,
И слезы крупные мелькнули
На них как светлая роса:
“Ах нет! - оставь восторг свой нежный,
Спасти меня не льстись надеждой;

Мне будет гробом эта степь;
Не на остатках, славных, бранных,
Но на костях моих изгнанных
Заржавит тягостная цепь!”
Он замолчал, она рыдала;
Но ободрилась, тихо встала,
Взяла пилу одной рукой;
Кинжал другою подавала.
И вот, под острою пилой
Скрыпит железо; распадает
Блистая цепь и чуть звенит.
Она его приподымает;
И так рыдая говорит:

XXVIII

“Да!.. пленник... ты меня забудешь...
... Прости!.. прости же... навсегда;
Прости! навек!.... Как счастлив будешь,
Ах!.. вспомни обо мне тогда....
Тогда!... быть может, уж могилой
Желанной скрыта буду я;
Быть может... скажешь ты уныло:
“Она любила и меня!”...
И девы бледные ланиты,
Почти потухшие глаза,
Смущенный лик, тоской убитый;..
- Не освежит одна слеза!...
И только рвутся вопли муки...
- Она берет его за руки,
И в поле темное спешит,
Где чрез утесы путь лежит.

XXIX

Идут, идут; остановились,
Вздохнув, назад оборотились; -
Но роковой ударил час....
Раздался выстрел - и как раз
Мой пленник падает. Не муку,
Но смерть изображает взор;

Кладет на сердце тихо руку....
... Так медленно по скату гор,
На солнце искрами блистая,
Спадает глыба снеговая.
Как вместе с ним поражена,
Без чувства падает она;
Как будто пуля роковая
Одним ударом, в один миг,
Обеих вдруг сразила их.

XXX

Но очи русского смыкает
Уж смерть, холодною рукой;
Он вздох последний испускает,
И он уж там - и кровь рекой,
Застыла в жилах охладевших;
В его руках оцепеневших
Еще кинжал блестя лежит;
В его всех чувствах онемевших
Навеки жизнь уж не горит,
Навеки радость не блестит.

XXXI

Меж тем черкес, с улыбкой злобной,
Выходит из глуши дерев.
И волку хищному подобный,
Бросает взор... стоит... без слов,
Ногою гордой попирает
Убитого... увидел он,
Что тщетно потерял патрон;
И вновь чрез горы убегает.

XXXII

Но вот она очнулась вдруг;
И ищет пленника очами.
Черкешенка! где, где твой друг;...
... Его уж нет.
- Она слезами
Не может ужас выражать,

Не может крови омывать.
И взор ее, как бы безумный
Порыв любви изобразил;
Она страдала. Ветер шумный
Свистя, покров ее клубил!..
... Встает.. и скорыми шагами
Пошла с потупленной главой,
Через поляну - за холмами
Сокрылась вдруг в тени ночной.

XXXIII

Она уж к Тереку подходит;
Увы, зачем, зачем она
Так робко взором вкруг обводит,
Ужасной грустию полна?..
И долго на бегущи волны
Она глядит. И взор безмолвный
Блестит звездой в полночной тме. -
- Она на каменной скале:
“О, русский! русский!!!” восклицает. -
- Плеснули волны при луне,
Об берег брызнули оне!.....
И дева с шумом исчезает. -
Покров лишь белый выплывает,
Несется по глухим волнам:
Остаток грустный и печальный
Плывет, как саван погребальный,
И скрылся к каменным скалам.

XXXIV

Но кто убийца их жестокой?
Он был с седою бородой;
Не видя девы черноокой,
Сокрылся он в глуши лесной.
Увы! то был отец несчастный!
Быть может он ее сгубил;
И тот свинец его опасный
Дочь вместе с пленником убил?
Не знает он, она сокрылась,
И с ночи той уж не явилась.

Черкес! где дочь твоя? глядишь,
Но уж ее не возвратишь!!..

XXXV

Поутру труп оледенелый
Нашли на пенистых брегах.
Он хладен был, окостенелый;
Казалось, на ее устах
Остался голос прежней муки;
Казалось, жалостные звуки
Еще не смолкли на губах;
Узнали все. Но поздно было!
- Отец! убийца ты ее;
Где упование твое?
Терзайся век! живи уныло!..
Ее уж нет. - И за тобой
Повсюду призрак роковой
Кто гроб ее тебе укажет?
Беги! ищи ее везде!!!....
“Где дочь моя?” и отзыв скажет:
Где?..

ДЖЮЛИО

Повесть

Вступление

Осенний день тихонько угасал
На высоте гранитных шведских скал.
Туман облек поверхности озер,
Так что едва заметить мог бы взор
Бегущий белый парус рыбака.
Я выходил тогда из рудника,
Где золото, земных трудов предмет,
Там люди достают уж много лет;

Здесь обратились страсти все в одну,
И вечный стук тревожит тишину,
Между столпов гранитных и аркад
Блестит огонь трепещущих лампад,
Как мысль в уме, подавленном тоской,
Кидая свет бессильный и пустой!..

Но если очи, в бесприветной мгле
Угасшие, морщины на челе,
Но если бледный, вялый цвет ланит
И равнодушный молчаливый вид,
Но если вздох, потерянный в тиши,
Являют грусть глубокую души, —
О! не завидуйте судьбе такой.
Печальна жизнь в могиле золотой.
Поверьте мне, немногие из них
Могли собрать плоды трудов своих.

Не нахожу достаточных речей,
Чтоб описать восторг души моей,
Когда я вновь взглянул на небеса,
И освежила голову роса.

Тянулись цепью острые скалы
Передо мной; пустынные орлы
Носилися, крича средь высоты.
Я зрел вдали кудрявые кусты
У озера спокойных берегов
И стебли черные сухих дубов.
От рудника вился, желтея, путь...
Как я желал скорей в себя вдохнуть
Прохладный воздух, вольный, как народ
Тех гор, куда сей узкий путь ведет.

Вожатому подарок я вручил.
Но, признаюсь, меня он удивил,
Когда не принял денег. Я не мог
Понять зачем, и снова в кошелек
Не смел их положить... Его черты
(Развалины минувшей красоты,
Хоть не являли старости оне),
Казалося, знакомы были мне.

И, подойдя, взяв за руку меня:
«Напрасно б, — он сказал, — скрывался я!
Так, Джюлио пред вами, но не тот,
Кто по струям венецианских вод
В украшенной гондоле пролетал.
Я жил, я жил и много испытал;
Не для корысти я в стране чужой:
Могилы тьма сходна с моей душой,
В которой страсти, лета и мечты
Изрыли бездну вечной пустоты...
Но я молю вас только об одном,
Молю: возьмите этот свиток. В нем,
В нем мир всю жизнь души моей найдет —
И, может быть, он вас остережет!»
Тут скрылся быстро пасмурный чудак,
И посмеялся я над ним; бедняк,
Я полагал, рассудок потеряв,
Не потерял еще свой пылкий нрав.
Но, пробегая свиток (видит бог),
Я много слез остановить не мог.

Есть край: его Италией зовут.
Как божьи птицы, мнится, там живут

Покойно, вольно и беспечно. И прошлец,
Германии иль Англии жилец,
Дивится часто счастию людей,
Скрывающих улыбкою очей
Безумный пыл и тайный яд страстей.
Вам, жителям холодной стороны,
Не перенять сей ложной тишины,
Хотя ни месть, ни ревность, ни любовь
Не могут в вас зажечь так сильно кровь,
Как в том, кто близ Неаполя рожден:
Для крайностей ваш дух не сотворен!..
Спокойны вы!.. На ваш унылый край
Навек я променял сей южный рай,
Где тополи, обвитые лозой,
Хотят шатер достигнуть голубой,
Где любят моря синие валы
Баюкать тень береговой скалы...

Вблизи Неаполя мой пышный дом
Белеется на берегу морском,
И вкруг него веселые сады;
Мосты, фонтаны, бюсты и пруды
Я не могу на память перечесть.
И там у вод, в лимонной роще, есть
Беседка, всех других она милей,
Однако вспомнить я боюсь об ней.
Она душистым запахом полна,
Уединенна и всегда темна.
Ах! здесь любовь моя погребена;
Здесь крест, нагнутый временем, торчит
Над холмиком, где Лоры труп сокрыт.

При верной помощи теней ночных,
Бывало, мы, укрывшись от родных,
Туманною озарены луной,
Спешили с ней туда рука с рукой,
И Лора, лютню взяв, певала мне...
Ее плечо горело как в огне,
Когда к нему я голову склонял
И пойманные кудри целовал...
Как гордо волновалась грудь твоя,
Коль, очи в очи томно устремя,
Твой Джюлио слова любви твердил;
Лукаво милый пальчик мне грозил,

Когда я, у твоих склоняясь ног,
Восторг в душе остановить не мог...

Случалось, после я любил сильней,
Чем в этот раз, но жалость лишь о сей
Любви живет, горит в груди моей.
Она прошла, таков судьбы закон,
Неумолим и непреклонен он,
Хотя щадит луны любезный свет,
Как памятник всего, чего уж нет.

О тень священная! простишь ли ты
Тому, кто обманул твои мечты,
Кто обольстил невинную тебя
И навсегда оставил, не скорбя?

Я страсть твою употребил во зло,
Но ты взгляни на бледное чело,
Которое изрыли не труды, —
На нем раскаянья и мук следы;
Взгляни на степь, куда я убежал,
На снежные вершины шведских скал,
На эту бездну смрадной темноты,
Где носятся, как дым, твои черты,
На ложе, где с рыданием, с тоской
Кляну себя с минутой роковой...
И сжалься, сжалься, сжалься надо мной!..

Когда мы женщину обманем, тайный страх
Живет для нас в младых ее очах;
Как в зеркале, вину во взоре том
Мы различив, укор себе прочтем.
Вот отчего, оставя отчий дом,
Я поспешил, бессмысленный, бежать,
Чтоб где-нибудь рассеянье сыскать!
Но с Лорой я проститься захотел.
Я объявил, что мне в чужой предел
Отправиться на много должно лет,
Чтоб осмотреть великий божий свет.
«Зачем тебе! — воскликнула она. —
Что даст тебе чужая сторона,
Когда ты здесь не хочешь быть счастлив?..
Подумай, Джюлио! — тут, взор склонив,

Она меня рукою обняла. —
Ах, я почти уверена была,
Что не откажешь в просьбе мне одной:
Не покидай меня, возьми с собой,
Не преступи вторично свой обет...
Теперь... ты должен знать!..» — «Нет, Лора, нет! —
Воскликнул я. — Оставь меня, забудь;
Привязанность былую не вдохнуть
В холодную к тебе отныне грудь, —
Как странники на небе, облака,
Свободно сердце и любовь легка».
И, побледнев как будто бы сквозь сна,
В ответ сказала тихо мне она:

«Итак, прости навек, любезный мой;
Жестокий друг, обманщик дорогой,
Когда бы знал, что оставляешь ты...
Однако прочь безумные мечты,
Надежда! сердце это не смущай...
Ты более не мой... прощай!.. прощай!..
Желаю, чтоб тебя в чужой стране
Не мучила бы память обо мне...»

То был глубокой вещей скорби глас.
Так мы расстались. Кто жалчей из нас,
Пускай в своем уме рассудит тот,
Кто некогда сии листы прочтет.

Зачем цену утраты на земле
Мы познаем, когда уж в вечной мгле
Сокровище потонет и никак
Нельзя разгнать его покрывший мрак?
Любовь младых, прелестных женских глаз,
По редкости, сокровище для нас
(Так мало дев, умеющих любить),
Мы день и ночь должны его хранить,
И горе! если скроется оно:
Навек блаженства сердце лишено.
Мы только раз один в кругу земном
Горим взаимной нежности огнем.

Пять целых лет провел в Париже я.
Шалил, именье с временем губя;

Первоначальной страсти жар святой
Я называл младенческой мечтой.
Дорога славы, заманив мой взор,
Наскучила мне. Совести укор
Убить любовью новой захотев,
Я стал искать беседы юных дев;
Когда же охладел к ним наконец,
Представила мне дружба свой венец;
Повеселив меня немного дней,
Распался он на голове моей...
Я стал бродить, печален и один;

Меня уверили, что это сплин;
Когда же надоели доктора,
Я хладнокровно их согнал с двора.

Душа моя была пуста, жестка.
Я походил тогда на бедняка:
Надеясь клад найти, глубокий ров
Он ископал среди своих садов,
Испортить не страшась гряды цветов,
Рыл, рыл — вдруг что-то застучало — он
Вздрогнул... предмет трудов его найден —
Приблизился... торопится... глядит:
Что ж? — перед ним гнилой скелет лежит!
«Заботы вьются в сумраке ночей
Вкруг ложа мягкого, златых кистей;
У изголовья совесть-скорпион
От вежд засохших гонит сладкий сон;
Как ветр преследует по небу вдаль
Оторванные тучки, так печаль,
В одну и ту же с нами сев ладью,
Не отстает ни в куще, ни в бою» —
Так римский говорит поэт-мудрец.
Ах! это испытал я наконец,
Отправившись, не зная сам куда,
И с Сеною простившись навсегда!..
Ни диких гор Швейцарии снега,
Ни Рейна вдохновенные брега
Ничем мне ум наполнить не могли
И сердцу ничего не принесли.

Венеция! о, как прекрасна ты,
Когда, как звезды спавши с высоты,
Огни по влажным улицам твоим
Скользят и с блеском синим, золотым
То затрепещут и погаснут вдруг,
То вновь зажгутся; там далекий звук,
Как благодарность в злой душе, порой
Раздастся и умрет во тьме ночной:
То песнь красавицы, с ней друг ея;
Они поют, и мчится их ладья.
Народ, теснясь на берегу, кипит.

Оттуда любопытный взор следит
Какой-нибудь красивый павильон,
Который бегло в волнах отражен.
Разнообразный плеск и вёсел шум
Приводят много чувств и много дум;
И много чудных случаев рождал
Ничем не нарушимый карнавал.

Я прихожу в гремящий маскерад,
Нарядов блеск там ослепляет взгляд;
Здесь не узнает муж жены своей.
Какой-нибудь лукавый чичисбей,
Под маской, близ него проходит с ней,
И муж готов божиться, что жена
Лежит в дому отчаянно больна...
Но если всё проник ревнивый взор —
Тотчас кинжал решит недолгий спор,
Хотя ненужно пролитая кровь
Уж не воротит женскую любовь!..
Так мысля, в зале тихо я блуждал
И разных лиц движенья наблюдал,
Но, как пустые грезы снов пустых,
Чтоб рассказать, я не запомню их.
И вижу маску: мне грозит она.
Огонь паров застольного вина
Смутил мой ум, волнуя кровь мою.
Я домино окутался, встаю,
Открыл лицо, за тайным чудаком
Стремлюсь и покидаю шумный дом.
Быстрее ног преследуют его
Мои глаза, не помня ничего;
Вослед за ним, хотя и не хотел,
На лестницу крутую я взлетел!..
Огромные покои предо мной,
Отделаны с искусственной красой;
Сияли свечи яркие в углах,
И живопись дышала на стенах.
Ни блеск, ни сладкий аромат цветов
Желаньем ускоряемых шагов
Остановить в то время не могли:
Они меня с предчувствием несли

Туда, где, на диване опустясь,
Мой незнакомец, бегом утомясь,
Сидел; уже я близко у дверей —
Вдруг (изумление души моей
Чьи краски на земле изобразят?)
С него упал обманчивый наряд —
И женщина единственной красы
Стояла близ меня. Ее власы
Катились на волнуемую грудь
С восточной негой... Я не смел дохнуть,
Покуда взор, весь слитый из огня,
На землю томно не упал с меня.
Ах! он стрелой во глубь мою проник!
Не выразил бы чувств моих в сей миг
Ни ангельский, ни демонский язык!..
Средь гор Кавказских есть, слыхал я, грот,
Откуда Терек молодой течет,
О скалы неприступные дробясь;
С Казбека в пропасть иногда скатясь,
Отверстие лавина завалит,
Как мертвый, он на время замолчит...
Но лишь враждебный снег промоет он,
Быстрей его не будет Аквилон;
Беги сайгак от берега в тот час
И жаждущий табун — умчит он вас,
Сей ток, покрытый пеною густой,
Свободный, как чеченец удалой.
Так и любовь, покрыта скуки льдом,
Прорвется и мучительным огнем
Должна свою разрушить колыбель,
Достигнет или не достигнет цель!..
И беден тот, кому судьбина, дав
И влюбчивый и своевольный нрав,
Позволила узнать подробно мир,
Где человек всегда гоним и сир,

Где жизнь — измен взаимных вечный ряд,
Где память о добре и зле — всё яд
И где они, покорствуя страстям,
Приносят только сожаленье нам!

Я был любим, сам страстию пылал
И много дней Мелиной обладал,
Летучих наслаждений властелин.
Из этих дён я не забыл один:
Златило утро дальний небосклон,
И запах роз с брегов был разнесен
Далёко в море; свежая волна,
Играющим лучом пробуждена,
Отзывы песни рыбаков несла...
В ладье, при верной помощи весла,
Неслися мы с Мелиною сам-друг,
Внимая сладкий и небрежный звук;
За нами, в блеске утренних лучей,
Венеция, как пышный мавзолей
Среди песков Египта золотых,
Из волн поднявшись, озирала их.
В восторге я твердил любви слова
Подруге пламенной; моя глава,
Когда я спорить уставал с водой,
В колена ей склонялася порой.
Я счастлив был; не ведомый никем,
Казалось, я покоен был совсем
И в первый раз лишь мог о том забыть,
О чем грустил, не зная возвратить.
Но дьявол, сокрушитель благ земных,
Блаженство нам дарит на краткий миг,
Чтобы удар судьбы сразил сильней,
Чтобы с жестокой тягостью своей
Несчастье унесло от жадных глаз
Всё, что ему еще завидно в нас.

Однажды (ночь на город уж легла,
Луна как в дыме без лучей плыла
Между сырых туманов; ветр ночной,
Багровый запад с тусклою луной —
Всё предвещало бури, но во мне
Уснули, мнилось, навсегда оне)
Я ехал к милой. Радость и любовь
Мою младую волновали кровь, —

Я был любим Мелиной, был богат,
Всё вкруг мне веселило слух и взгляд:

Роптанье струй, мельканье челноков,
Сквозь окна освещение домов
И баркарола мирных рыбаков.
К красавице взошел я; целый дом
Был пуст и тих, как завоеван сном.
Вот проникаю в комнаты — и вдруг
Я роковой вблизи услышал звук,
Звук поцелуя... Праведный творец,
Зачем в сей миг мне не послал конец?
Зачем, затрепетав как средь огня,
Не выскочило сердце из меня?
Зачем, окаменевший, я опять
Движенье жизни должен был принять?..

Бегу, стремлюсь — трещит — и настежь дверь!..
Кидаюся, как разъяренный зверь,
В ту комнату, и быстрый шум шагов
Мой слух мгновенно поразил — без слов,
Схватив свечу, я в темный коридор,
Где, ревностью пылая, встретил взор
Скользящую, как некий дух ночной,
По стенам тень. Дрожащею рукой
Схватив кинжал, машу перед собой!
И вот настиг; в минуту удержу —
Рука... рука... хочу схватить — гляжу:
Недвижная, как мертвая бледна,
Мне преграждает дерзкий путь она!
Подъемлю злобно очи... страшный вид!..
Качая головой, призрак стоит.
Кого ж я в нем, встревоженный, узнал?
Мою обманутую Лору!..
...Я упал!
Печален степи вид, где без препон
Скитается летучий Аквилон
И где кругом, как зорко ни смотри,
Встречаете березы две иль три,
Которые под синеватой мглой
Чернеют вечером в дали пустой, —
Так жизнь скучна, когда боренья нет;
В ней мало дел мы можем в цвете лет,

В минувшее проникнув, различить,
Она души не будет веселить,
Но жребий я узнал совсем иной;
Убит я не был раннею тоской...
Страстей огонь, неизлечимый яд,
Еще теперь в душе моей кипят...
И их следы узнал я в этот раз.
В беспамятстве, не открывая глаз,
Лежал я долго; кто принес меня
Домой, не мог узнать я. День от дня
Рассудок мой свежей и тверже был;
Как вновь меня внезапно посетил
Томительный и пламенный недуг.
Я был при смерти. Ни единый друг
Не приходил проведать о больном...
Как часто в душном сумраке ночном
Со страхом пробегал я жизнь мою,
Готовяся предстать пред судию;
Как часто, мучим жаждой огневой,
Я утолить ее не мог водой,
Задохшейся, и теплой, и гнилой;
Как часто хлеб перед лишенным сил
Черствел, хотя еще не тронут был;
И скольких слез, стараясь мужем быть,
Я должен был всю горечь проглотить!..

И долго я томился. Наконец,
Родных полей блуждающий беглец,
Я возвратился к ним.
В большом саду
Однажды я, задумавшись, иду,
И вдруг пред мной беседка. Узнаю
Зеленый свод, где я сказал «люблю»
Невинной Доре (я еще об ней
Не спрашивал соседственных людей),
Но страх пустой мой ум преодолел.
Вхожу, и что ж бродящий взгляд узрел?
Могилу! — свежий, летний ветерок
Порою нес увялый к ней листок,
И, незабудками испещрена,
Дышала сыростью и мглой она.

Не ужасом, но пасмурной тоской
Я был подавлен в миг сей роковой!

Презренье, гордость в этой тишине
Старались жалость победить во мне.
Так вот что я любил!.. Так вот о ком
Я столько дум питал в уме моем!..
И стоило ль любить и покидать,
Чтобы странам чужим нести казать
Испорченное сердце (плод страстей),
В чем недостатка нет между людей?..
Так вот что я любил! Клянусь, мой бог,
Ты лучшую ей участь дать не мог;
Пресечь должна кончина бытие:
Чем раньше, тем и лучше для нее!

И блещут, дева, незабудки над тобой,
Хотя забвенья стали пеленой;
Сплела из них земля тебе венец...
Их вырастили матерь и отец,
На дерн роняя слезы каждый день,
Пока туманная, ложася, тень
С холодной сладкою росой ночей
Не освежала старых их очей...

И я умру! — но только ветр степей
Восплачет над могилою моей!..
Преодолеть стараясь дум борьбу,
Так я предчувствовал свою судьбу...

И я оставил прихотливый свет,
В котором для меня веселья нет
И где раскаянье бежит от нас,
Покуда юность не оставит глаз.
Но я был стар, я многое свершил!
Поверьте: не одно лишенье сил,
Последствие толпой протекших дней,
Браздит чело и гасит жизнь очей!..
Я потому с досадой их кидал
На мир, что сам себя в нем презирал!
Я мнил: в моем лице легко прочесть,

Что в сей груди такое чувство есть.
Я горд был, и не снес бы, как позор,
Пытающий, нескромный, хитрый взор.

Как мог бы я за чашей хохотать
И яркий дар похмелья выпивать,
Когда всечасно мстительный металл
В больного сердца струны ударял?
Они меня будили в тьме ночной,
Когда и ум, как взгляд, подернут мглой,
Чтобы нагнать еще ужасней сон;
Не уходил с зарей багровой он.
Чем боле улыбалось счастье мне,
Тем больше я терзался в глубине,
Я счастие, казалося, привлек,
Когда его навеки отнял рок,
Когда любил в огне мучений злых
Я женщин мертвых более живых.

Есть сумерки души во цвете лет,
Меж радостью и горем полусвет;
Жмет сердце безотчетная тоска;
Жизнь ненавистна, но и смерть тяжка.
Чтобы спастись от этой пустоты,
Воспоминаньем иль игрой мечты
Умножь одну или другую ты.
Последнее мне было легче! Я
Опять бежал в далекие края;
И здесь, в сей бездне, в северных горах,
Зароют мой изгнаннический прах.
Без имени в земле он должен гнить,
Чтоб никого не мог остановить.
Так я живу. Подземный мрак и хлад,
Однообразный стук, огни лампад
Мне нравятся. Товарищей толпу
Презреннее себя всегда я чту,
И самолюбье веселит мой нрав:
Так рад кривой, слепого увидав!

И я люблю, когда немая грусть
Меня кольнет, на воздух выйти. Пусть,

Пусть укорит меня обширный свод,
За коим в славе восседает тот,
Кто был и есть и вечно не прейдет.
Задумавшись, нередко я сижу
Над дикою стремниной и гляжу
В туманные поля передо мной,
Отдохшие под свежею росой.
Тогда, как я, воскликнешь к небесам,
Ломая руки: «Дайте прежним дням
Воскреснуть!» — но ничто их не найдет,
И молодость вторично не придет!..

Ах! много чувств и мрачных и живых
Открыть хотел бы Джюлио. Но их
Пускай обнимет ночь, как и меня!..
Уже в лампаде нет почти огня,
Страница кончена — и (хоть чудна)
С ней повесть жизни, прежде чем она...

ТАМБОВСКАЯ КАЗНАЧЕЙША

Играй, да не отыгрывайся.
Пословица.

Посвящение

Пускай слыву я старовером,
Мне все равно -я даже рад:
Пишу Онегина[10] размером;
Пою, друзья, на старый лад.
Прошу послушать эту сказку!
Ее нежданую развязку
Одобрите, быть может, вы
Склоненьем легким головы.
Обычай древний наблюдая,

[10] Поэма написана 14-строчной строфой «Евгения Онегина» Пушкина.

Мы благодетельным вином
Стихи негладкие запьем,
И пробегут они, хромая,
За мирною своей семьей
К реке забвенья на покой.

I

Тамбов на карте генеральной
Кружком означен не всегда,
Он прежде город был опальной,
Теперь же, право, хоть куда.
Там есть три улицы прямые,
И фонари и мостовые,
Там два трактира есть, один
Московский, а другой Берлин.
Там есть еще четыре будки,
При них два будочника есть;
По форме отдают вам честь,
И смена им два раза в сутки;
Короче, славный городок.

II

Но скука, скука, боже правый,
Гостит и там, как над Невой,
Поит вас пресною отравой,
Ласкает черствою рукой.
И там есть чопорные франты,
Неумолимые педанты,
И там нет средства от глупцов
И музыкальных вечеров;
И там есть дамы - просто чудо!
Дианы строгие в чепцах,
С отказом вечным на устах.
При них нельзя подумать худо:
В глазах греховное прочтут,
И вас осудят, проклянут.

III

Вдруг оживился круг дворянский;

Губернских дев нельзя узнать;
Пришло известье: полк уланский
В Тамбове будет зимовать.
Уланы, ах! такие хваты...
Полковник, верно, неженатый -
А уж бригадный генерал
Конечно даст блестящий бал.
У матушек сверкнули взоры;
Зато, несносные скупцы,
Неумолимые отцы
Пришли в раздумье: сабли, шпоры
Беда для крашеных полов...
Так волновался весь Тамбов.

IV

И вот однажды утром рано,
В час лучший девственного сна,
Когда сквозь пелену тумана
Едва проглядывает Цна,
Когда лишь куполы собора
Роскошно золотит Аврора[11],
И, тишины известный враг,
Еще безмолвствовал кабак,

Уланы справа-пошести
Вступили в город; музыканты,
Дремля на лошадях своих,
Играли марш из Двух Слепых.

V

Услыша ласковое ржанье
Желанных вороных коней,
Чье сердце, полное вниманья,
Тут не запрыгало сильней?
Забыта жаркая перина...
"Малашка, дура, Катерина,
Скорее туфли и платок!

---

[11] Аврора — в римской мифологии богиня утренней зари, приносящая дневной свет богам и людям.

Да где Иван? какой мешок!
Два года ставни отворяют..."
Вот ставни настежь. Целый дом
Трет стекла тусклые сукном -
И любопытно пробегают
Глаза опухшие девиц
Ряды суровых, пыльных лиц.

VI

"Ах, посмотри сюда, кузина
Вот этот!" - "Где? майор?" - "О, нет!
Как он хорош, а конь - картина,
Да жаль, он, кажется, корнет...
Как ловко, смело избочился...
Поверишь ли, он мне приснился...
Я после не могла уснуть..."
И тут девическая грудь
Косынку тихо поднимает -
И разыгравшейся мечтой
Слегка темнится взор живой.
Но полк прошел. За ним мелькает
Толпа мальчишек городских,
Немытых, шумных и босых.

VII

Против гостиницы Московской,
Притона буйных усачей,
Жил некто господин Бобковской,
Губернский старый казначей.
Давно был дом его построен;
Хотя невзрачен, но спокоен;
Меж двух облупленных колонн
Держался кое-как балкон.
На кровле треснувшие доски
Зеленым мохом поросли;
Зато пред окнами цвели
Четыре стриженых березки
Взамен гардин и пышных стор,
Невинной роскоши убор.

VIII

Хозяин был старик угрюмой
С огромной лысой головой.
От юных лет с казенной суммой
Он жил как с собственной казной.
В пучинах сумрачных расчета
Блуждать была ему охота,
И потому он был игрок
(Его единственный порок).
Любил налево и направо
Он в зимний вечер прометнуть,
Четвертый куш перечеркнуть,
Рутеркой понтирнуть со славой,
И талью скверною порой
Запить Цимлянского струей.

IX

Он был врагом трудов полезных,
Трибун Тамбовских удальцов,
Гроза всех матушек уездных
И воспитатель их сынков.
Его крапленые колоды
Не раз невинные доходы
С индеек, масла и овса
Вдруг пожирали в полчаса.
Губернский врач, судья, исправник -
Таков его всегдашний круг;
Последний был делец и друг,
И за столом такой забавник,
Что казначейша иногда
Сгорит, бывало, от стыда.

X

Я не поведал вам, читатель,
Что казначей мой был женат.
Благословил его создатель,
Послав ему в супруге клад.
Ее ценил он тысяч во сто,
Хотя держал довольно просто

И не выписывал чепцов
Ей из столичных городов.
Предав ей таинства науки,
Как бросить вздох иль томный взор,
Чтоб легче влюбчивый понтёр
Не разглядел проворной штуки,
Меж тем догадливый старик
С глаз не спускал ее на миг.

XI

И впрямь Авдотья Николавна
Была прелакомый кусок.
Идет, бывало, гордо, плавно -
Чуть тронет землю башмачок;
В Тамбове не запомнят люди
Такой высокой, полной груди:
Бела как сахар, так нежна,
Что жилка каждая видна.
Казалося, для нежной страсти
Она родилась. А глаза...
Ну, что такое бирюза?
Что небо? Впрочем я отчасти
Поклонник голубых очей
И не гожусь в число судей.

XII

А этот носик! эти губки,
Два свежих розовых листка!
А перламутровые зубки,
А голос сладкий как мечта!
Она картавя говорила,
Нечисто Р произносила;
Но этот маленький порок
Кто извинить бы в ней не мог?
Любил трепать ее ланиты
Разнежась старый казначей.
Как жаль, что не было детей
У них!

XIII

Для большей ясности романа
Здесь объявить мне вам пора,
Что страстно влюблена в улана
Была одна ее сестра.
Она, как должно, тайну эту
Открыла Дуне по-секрету.
Вам не случалось двух сестер
Замужних слышать разговор?
О чем тут, боже справедливый,
Не судят милые уста!
О, русских нравов простота!
Я, право, человек нелживый -
А из-за ширмов раза два
Такие слышал я слова...

XIV

Итак тамбовская красотка
Ценить умела уж усы

Что ж? знание ее сгубило!
Один улан, повеса милой
(Я вместе часто с ним бывал),
В трактире номер занимал
Окно-в-окно с ее уборной.
Он был мужчина в тридцать лет;
Штабротмистр, строен как корнет;
Взор пылкий, ус довольно черный:
Короче, идеал девиц,
Одно из славных русских лиц.

XV

Он все отцовское именье
Еще корнетом прокутил;
С тех пор дарами провиденья
Как птица божия он жил.
Он спать, лежать привык; не ведать,
Чем будет завтра пообедать.

Шатаясь по Руси кругом,
То на курьерских, то верхом,
То полупьяным ремонтёром,
То волокитой отпускным,
Привык он к случаям таким,
Что я бы сам почел их вздором,
Когда бы все его слова
Хоть тень имели хвастовства.

XVI

Страстьми земными несмущаем,
Он не терялся никогда.

Бывало, в деле, под картечью
Всех рассмешит надутой речью,
Гримасой, фарсой площадной,
Иль неподдельной остротой.
Шутя однажды после спора
Всадил он другу пулю в лоб;
Шутя и сам он лег бы в гроб -
Иль стал душою заговора;
Порой, незлобен как дитя,
Был добр и честен, но шутя.

XVII

Он не был тем, что волокитой
У нас привыкли называть;
Он не ходил тропой избитой,
Свой путь умея пролагать;
Не делал страстных изъяснений,
Не становился на колени;
А несмотря на то, друзья,
Счастливей был, чем вы и я.

Таков-то был штабротмистр Гарин:
По крайней мере мой портрет
Был схож тому назад пять лет.

XVIII

Спешил о редкостях Тамбова
Он у трактирщика узнать.
Узнал не мало он смешного -
Интриг секретных шесть иль пять;
Узнал, невесты как богаты,
Где свахи водятся иль сваты;
Но занял более всего
Мысль беспокойную его
Рассказ о молодой соседке.
Бедняжка! думает улан:
Такой безжизненный болван
Имеет право в этой клетке
Тебя стеречь - и я, злодей,
Не тронусь участью твоей?

XIX

К окну поспешно он садится,
Надев персидский архалук;
В устах его едва дымится
Узорный бисерный чубук.
На кудри мягкие надета
Ермолка вишневого цвета
С каймой и кистью золотой,
Дар молдаванки молодой.
Сидит и смотрит он прилежно...
Вот, промелькнувши как во мгле,
Обрисовался на стекле
Головки милой профиль нежный;
Вот будто стукнуло окно...
Вот отворяется оно.

XX

Еще безмолвен город сонной;
На окнах блещет утра свет;
Еще по улице мощеной
Не раздается стук карет...
Что ж казначейшу молодую
Так рано подняло? Какую

Назвать причину поверней?
Уж не бессонница ль у ней?
На ручку опершись головкой,
Она вздыхает, а в руке
Чулок; но дело не в чулке -
Заняться этим нам неловко...
И если правду уж сказать -
Ну кстати ль было б ей вязать!

XXI

Сначала взор ее прелестной
Бродил по синим небесам,
Потом склонился к поднебесной
И вдруг... какой позор и срам!
Напротив, у окна трактира,
Сидит мужчина без мундира.
Скорей, штабротмистр! ваш сертук!
И поделом... окошко стук...
И скрылось милое виденье.
Конечно, добрые друзья,
Такая грустная статья
На вас навеяла б смущенье;
Но я отдам улану честь -
Он молвил: что ж? начало есть.

XXII

Два дня окно не отворялось.
Он терпелив. На третий день
На стеклах снова показалась
Ее пленительная тень;
Тихонько рама заскрипела.
Она с чулком к окну подсела.
Но опытный заметил взгляд
Ее заботливый наряд.
Своей удачею довольный,
Он встал и вышел со двора -
И не вернулся до утра.
Потом, хоть было очень больно,
Собрав запас душевных сил,
Три дня к окну не подходил.

XXIII

Но эта маленькая ссора
Имела участь нежных ссор:
Меж них завелся очень скоро
Немой, но внятный разговор.
Язык любви, язык чудесный,
Одной лишь юности известный,
Кому, кто раз хоть был любим,
Не стал ты языком родным?
В минуту страстного волненья
Кому хоть раз ты не помог
Близ милых уст, у милых ног?
Кого под игом принужденья,
В толпе завистливой и злой,
Не спас ты, чудный и живой?

XXIV

Скажу короче: в две недели
Наш Гарин твердо мог узнать,
Когда она встает с постели,
Пьет с мужем чай, идет гулять.
Отправится ль она к обедни -
Он в церкви верно не последний;
К сырой колонне прислонясь,
Стоит все время не крестясь.
Лучом краснеющей лампады
Его лицо озарено:
Как мрачно, холодно оно!
А испытующие взгляды
То вдруг померкнут, то блестят -
Проникнуть в грудь ее хотят,

XXV

Давно разрешено сомненье,
Что любопытен нежный пол.
Улан большое впечатленье
На казначейшу произвел
Своею странностью. Конечно

Не надо было б мысли грешной
Дорогу в сердце пролагать,
Ее бояться и ласкать!

Жизнь без любви такая скверность!
А что, скажите, за предмет
Для страсти муж, который сед?

XXVI

Но время шло. "Пора к развязке!"
Так говорил любовник мой.
"Вздыхают молча только в сказке,
А я не сказочный герой."
Раз входит, кланяясь пренизко,
Лакей. - Что это? - "Вот-с записка;
Вам барин кланяться велел-с;
Сам не приехал - много дел-с;
Да приказал вас звать к обеду,
А вечерком потанцовать.
Он сам изволил так сказать."
- Ступай, скажи, что я приеду. -
И в три часа, надев колет,
Летит штабротмистр на обед.

XXVII

Амфитрион[12] был предводитель -
И в день рождения жены,
Порядка ревностный блюститель,
Созвал губернские чины
И целый полк. Хотя бригадной
Заставил ждать себя изрядно
И после целый день зевал,
Но праздник в том не потерял.
Он был устроен очень мило;

---

[12] Амфитрион — греческий царь, муж Алкмены, обманутой Юпитером, принявшим вид Амфитриона. Этот сюжет использован Мольером в его комедии «Амфитрион», где имеются стихи, вошедшие в поговорку: «Тот истинный Амфитрион, кто приглашает нас к обеду». С тех пор это имя стало нарицательным для обозначения любезного, гостеприимного хозяина.

В огромных вазах по столам
Стояли яблоки для дам;
А для мужчин в буфете было
Еще с утра принесено
В больших трех ящиках вино.

XXVIII

Вперед подручку с генеральшей
Пошел хозяин. Вот за стол
Уселся от мужчин подальше
Прекрасный, но стыдливый пол -
И дружно загремел с балкона,
Средь утешительного звона
Тарелок, ложек и ножей,
Весь хор уланских трубачей:
Обычай древний, но прекрасный;
Он возбуждает аппетит,
Порою кстати заглушит
Меж двух соседей говор страстный -
Но в наше время решено,
Что все старинное смешно.

XXIX

Родов, обычаев боярских
Теперь и следу не ищи,
И только на пирах гусарских
Гремят, как прежде, трубачи.
О, скоро ль мне придется снова
Сидеть среди кружка родного
С бокалом влаги золотой
При звуках песни полковой!
И скоро ль ментиков червонных
Приветный блеск увижу я,
В тот серый час, когда заря
На строй гусаров полусонных
И на бивак их у леска
Бросает луч исподтишка!

XXX

С Авдотьей Николавной рядом
Сидел штабротмистр удалой -
Впился в нее упрямым взглядом,
Крутя усы одной рукой.
Он видел, как в ней сердце билось...
И вдруг - не знаю, как случилось -
Ноги ее иль башмачка
Коснулся шпорой он слегка.
Тут началися извиненья,
И завязался разговор;
Два комплимента, нежный взор -
И уж дошло до изъясненья...
Да, да - как честный офицер!
Но казначейша - не пример.

XXXI

Она, в ответ на нежный шопот,
Немой восторг спеша сокрыть,
Невинной дружбы тяжкий опыт
Ему решила предложить -
Таков обычай деревенский!
Помучить - способ самый женский.
Но уж давно известна нам
Любовь друзей и дружба дам!
Какое адское мученье
Сидеть весь вечер tete-a-tete,
С красавицей в осьмнадцать лет

XXXII

Вобще я мог в году последнем
В девицах наших городских
Заметить страсть к воздушным бредням
И мистицизму. Бойтесь их!
Такая мудрая супруга,
В часы любовного досуга,
Вам вдруг захочет доказать,

Что 2 и 3 совсем не пять;
Иль, вместо пламенных лобзаний,
Магнетизировать начнет -
И счастлив муж, коли заснет!..
Плоды подобных замечаний
Конечно б мог не ведать мир,
Но польза, польза мой кумир.

XXXIII

Я бал описывать не стану,
Хоть это был блестящий бал.
Весь вечер моему улану
Амур прилежно помогал.
Увы - - - - - - -
Не веруют амуру ныне;
Забыт любви волшебный царь;
Давно остыл его алтарь!
Но за столичным просвещеньем
Провинциалы не спешат;

XXXIV

И сердце Дуни покорилось;
Его сковал могучий взор...
Ей дома целу ночь все снилось
Бряцанье сабли или шпор.
Поутру, встав часу в девятом,
Садится в шлафоре измятом
Она за вечную канву -
Все тот же сон и наяву.
По службе занят муж ревнивый,
Она одна - разгул мечтам!
Вдруг дверью стукнули. "Кто там?
Андрюшка! Ах, тюлень ленивый!.."
Вот чей-то шаг - и перед ней
Явился... только не Андрей.

XXXV

Вы отгадаете, конечно,
Кто этот гость нежданый был.

Немного, может быть, поспешно
Любовник смелый поступил;
Но впрочем, взявши в рассмотренье
Его минувшее терпенье
И рассудив, легко поймешь,
Зачем рискует молодежь.
Кивнув легонько головою,
Он к Дуне молча подошел
И на лицо ее навел
Взор, отуманенный тоскою;
Потом стал длинный ус крутить,
Вздохнул, и начал говорить:

XXXVI

"Я вижу, вы меня не ждали -
Прочесть легко из ваших глаз;
Ах, вы еще не испытали,
Что в страсти значит день, что час!
Среди сердечного волненья
Нет сил, нет власти, нет терпенья!
Я здесь - на все решился я ...
Тебе я предан... ты моя!
Ни мелочные толки света,
Ничто, ничто не страшно мне;
Презренье светской болтовне -
Иль я умру от пистолета...
О, не пугайся, не дрожи;
Ведь я любим - скажи, скажи!.."

XXXVII

И взор его притворно-скромной
Склоняясь к ней, то угасал,
То, разгораясь страстью томной,
Огнем сверкающим пылал.
Бледна, в смущеньи оставалась
Она пред ним... Ему казалось,
Что чрез минуту для него
Любви наступит торжество...

Как вдруг внезапный и невольной
Стыд овладел ее душой -
И, вспыхнув вся, она рукой
Толкнула прочь его: "довольно,
Молчите - слышать не хочу!
Оставите ль? я закричу!.."

XXXVIII

Он смотрит: это не притворство
Не штуки - как ни говори -
А просто женское упорство,
Капризы - чорт их побери!
И вот - о, верх всех унижений!
Штабротмистр преклонил колени
И молит жалобно; как вдруг
Дверь настежь - и в дверях супруг.
Красотка: "ах!" Они взглянули
Друг другу сумрачно в глаза,
Но молча разнеслась гроза,
И Гарин вышел. Дома пули
И пистолеты снарядил,
Присел - и трубку закурил.

XXXIX

И через час ему приносит
Записку грязную лакей.
Что это? чудо! Нынче просит
К себе на вистик казначей,
Он именинник - будут гости...
От удивления и злости
Чуть не задохся наш герой.
Уж не обман ли тут какой?
Весь день проводит он в волненье.
Настал и вечер наконец.
Глядит в окно: каков хитрец -
Дом полон, что за освещенье!
А все засунуть - или нет? -
В карман на случай пистолет.

XL

Он входит в дом. Его встречает
Она сама, потупя взор.
Вздох полновесный прерывает
Едва начатый разговор.
О сцене утренней ни слова.
Они друг другу чужды снова.
Он о погоде говорит;
Она "да-с, нет-с" и замолчит.
Измучен тайною досадой,
Идет он дальше в кабинет...
Но здесь спешить нам нужды нет,
Притом спешить нигде не надо.
Итак позвольте отдохнуть,
А там докончим как-нибудь.

XLI

Я жить спешил в былые годы,
Искал волнений и тревог,
Законы мудрые природы
Я безрассудно пренебрег.
Что ж вышло? Право смех и жалость!
Сковала душу мне усталость,
А сожаленье день и ночь
Твердит о прошлом. Чем помочь!
Назад не возвратят усилья.
Так в клетке молодой орел,
Глядя на горы и на дол,
Напрасно не подъемлет крылья -
Кровавой пищи не клюет,
Сидит, молчит и смерти ждет.

XLII

Ужель исчез ты, возраст милой,
Когда все сердцу говорит,
И бьется сердце с дивной силой,
И мысль восторгами кипит?
Не все ж томиться бесполезно

Орлу за клеткою железной:
Он свой воздушный прежний путь
Еще найдет когда-нибудь,
Туда, где снегом и туманом
Одеты темные скалы,
Где гнезда вьют одни орлы,
Где тучи бродят караваном!
Там можно крылья развернуть
На вольный и роскошный путь!

XLIII

Но есть всему конец на свете,
И даже выспренним мечтам.
Ну, к делу. Гарин в кабинете.
О чудеса! Хозяин сам
Его встречает с восхищеньем,
Сажает, потчует вареньем,
Несет шампанского стакан.
"Иуда!" мыслит мой улан.
Толпа гостей теснилась шумно
Вокруг зеленого стола;
Игра уж дельная была,
И банк притом благоразумной.
Его держал сам казначей
Для облегчения друзей.

XLIV

И так как господин Бобковский
Великим делом занят сам,
То здесь блестящий круг тамбовский
Позвольте мне представить вам.
Во-первых, господин советник,
Блюститель нравов, мирный сплетник,

А вот уездный предводитель,
Весь спрятан в галстук, фрак до пят,
Дискант, усы и мутный взгляд.
А вот, спокойствия рачитель,
Сидит и сам исправник - но
Об нем уж я сказал давно.

XLV

Вот, в полуфрачке, раздушеный,
Времен новейших Митрофан,
Нетесаный, недоученый,
А уж безнравственный болван.
Доверье полное имея
К игре и знанью казначея,
Он понтирует, как велят -
И этой чести очень рад.
Еще тут были... но довольно,
Читатель милый, будет с вас.
И так несвязный мой рассказ,
Перу покорствуя невольно
И своенравию чернил,
Бог знает чем я испестрил.

XLVI

Пошла игра. Один, бледнея,
Рвал карты, вскрикивал; другой,
Поверить проигрыш не смея,
Сидел с поникшей головой.
Иные, при удачной тальи,
Стаканы шумно наливали
И чокались. Но банкомет
Был нем и мрачен. Хладный пот
По гладкой лысине струился.
Он все проигрывал дотла.
В ушах его дана, взяла
Так и звучали. Он взбесился -
И проиграл свой старый дом,
И все, что в нем или при нем.

XLVII

Он проиграл коляску, дрожки,
Трех лошадей, два хомута,
Всю мебель, женины сережки,
Короче - все, все дочиста.
Отчаянья и злости полный,
Сидел он бледный и безмолвный.

Уж было заполночь. Треща
Одна погасла уж свеча.
Свет утра синевато-бледной
Вдоль по туманным небесам
Скользил. Уж многим игрокам
Сон прогулять казалось вредно,
Как вдруг, очнувшись, казначей
Вниманья просит у гостей.

XLVIII

И просит важно позволенья
Лишь талью прометнуть одну,
Но с тем, чтоб отыграть именье,
Иль "проиграть уж и жену".
О страх! о ужас! о злодейство!
И как доныне казначейство
Еще терпеть его могло!
Всех будто варом обожгло.
Улан один прехладнокровно
К нему подходит. "Очень рад",
Он говорит, - "пускай шумят,
Мы дело кончим полюбовно,
Но только чур не плутовать -
Иначе вам не сдобровать!"

XLIX

Теперь кружок понтеров праздных
Вообразить прошу я вас,
Цвета их лиц разнообразных,
Блистанье их очков и глаз,
Потом усастого героя,
Который понтирует стоя;
Против него меж двух свечей
Огромный лоб, седых кудрей
Покрытый редкими клочками,
Улыбкой вытянутый рот
И две руки с колодой - вот
И вся картина перед вами,
Когда прибавим вдалеке
Жену на креслах в уголке.

L

Что в ней тогда происходило -
Я не берусь вам объяснить;
Ее лицо изобразило
Так много мук, что, может быть,
Когда бы вы их разгадали,
Вы поневоле б зарыдали.
Но пусть участия слеза
Не отуманит вам глаза:
Смешно участье в человеке,
Который жил и знает свет.
Рассказы вымышленных бед
В чувствительном прошедшем веке
Не мало проливали слёз...
Кто ж в этом выиграл - вопрос?

LI

Недолго битва продолжалась;
Улан отчаянно играл;
Над стариком судьба смеялась -
И жребий выпал... час настал...
Тогда Авдотья Николавна,
Встав с кресел, медленно и плавно
К столу в молчаньи подошла -
Но только цвет ее чела
Был страшно бледен; обомлела
Толпа, - все ждут чего нибудь -
Упреков, жалоб, слез - ничуть!
Она на мужа посмотрела
И бросила ему в лицо
Свое венчальное кольцо -

LII

И в обморок. - Ее в охапку
Схватив - с добычей дорогой,
Забыв расчеты, саблю, шапку,
Улан отправился домой.
Поутру вестию забавной
Смущен был город благонравной.

Неделю целую спустя
Кто очень важно, кто шутя
Об этом все распространялись;
Старик защитников нашел;
Улана проклял милый пол -
За что, мы, право, не дознались;
Не зависть ли!.. Но нет, нет, нет;
Ух! я не выношу клевет!..

LIII

И вот конец печальной были,
Иль сказки - выражусь прямей.
Признайтесь, вы меня бранили?
Вы ждали действия? страстей?
Повсюду нынче ищут драмы,
Все просят крови - даже дамы.
А я, как робкий ученик,
Остановился в лучший миг;
Простым нервическим припадком
Неловко сцену заключил,
Соперников не помирил,
И не поссорил их порядком.
Что ж делать! Вот вам мой рассказ,
Друзья; покамест будет с вас.

МОРЯК

Отрывок

O'er the glad waters of the dark
blue sea,
Our thoughts as boundless, and
our souls as free,
Far as the breeze can bear, the
billows foam,

Survey our empire, and behold
our home.
«The Corsair». L. Byron

Над радостными волнами синего моря
Наши мысли так же безграничны, а души так же свободны, как оно;
Куда бы ни занес нас ветер и где бы ни пенились волны —
Там наши владения, там наша родина.
«Корсар». Лорд Байрон (англ.).

В семье безвестной я родился,
Под небом северной страны,
И рано, рано приучился
Смирять усилия волны!
О детстве говорить не стану.
Я подарён был океану,
Как лишний в мире, в те года
Беспечной смелости, когда
Нам всё равно — земля иль море,
Родимый или чуждый дом;
Когда без радости поём
И, как раба, мы топчем горе;
Когда мы ради всё отдать,
Чтоб вольным воздухом дышать.

Я волен был в моей темнице,
В полуживой тюрьме моей;
Я всё имел, что надо птице:
Гнездо на мачте меж снастей!
Как я могущ себе казался,
Когда на воздухе качался,
Держась упругою рукой
За парус иль канат сырой.
Я был меж небом и волнами,
На облака и вниз глядел,
И не смущался, не робел,

И, всё окинувши очами,
Я мчался выше — о! тогда
Я счастлив был, да, счастлив, да!

Найдите счастье мне другое!
Родными был оставлен я.
Мой кров стал — небо голубое,
Корабль стал — родина моя:
Я с ним тогда не расставался,
Я, как цепей, земли боялся;
Не ведал счету я друзьям:
Они всегда теснились к нам,
Катились следом, забегали,
Шумя, толкаяся, вперед
И нам нестись по лону вод,
Казалось, запретить желали;
Но это шутка лишь была,
Они не делали нам зла.

Я их угадывал движенья,
Я понимал их разговор,
Живой и полный выраженья;
В нем были ласки и укор,
И был звучней тот звук чудесный,
Чем ветра вой и шум древесный!
И каждый вечер предо мной
Они в одежде парчевой,
Как люди, гордые являлись.
Обворожен, я начал им
Молиться, как богам морским,
И чувства прежние умчались
С непостижимой быстротой
Пред этой новою мечтой!..
Мир обольстительный и странный,
Мир небывалый, но живой,
Блестящий вместе и туманный,
Тогда открылся предо мной,
Всё оживилось: без значенья
Меж тучек не было движенья,
И в море каждая волна
Была душой одарена.
Безумны были эти лета!
Но что ж? Ужели был смешней
Я тех неопытных людей,

Которые, в пустыне света
Блуждая, думают найти
Любовь и душу на пути?
Все чувства тайной мукой полны,
И всякий плакал, кто любил:
Любил ли он морские волны
Иль сердце женщинам дарил!
Покрывшись пеною рядами,
Как серебром и жемчугами,
Несется гордая волна,
Толпою слуг окружена, —
Так точно дева молодая
Идет, гордясь, между рабов,
Их скромных просьб, их нежных слов
Не слушая, не понимая!
Но вянут девы в тишине,
А волны, волны всё одне.
Я обожатель их свободы!
Как я в душе любил всегда
Их бесконечные походы
Бог весть откуда и куда;
И в час заката молчаливый
Их раззолоченные гривы,
И бесполезный этот шум,
И эту жизнь без дел и дум,
Без родины и без могилы,
Без наслажденья и без мук;
Однообразный этот звук,
И, наконец, все эти силы,
Употребленные на то,
Чтоб малость обращать в ничто!

Как я люблю их дерзкий шепот
Перед летучим кораблем;
Их дикий плеск, упрямый ропот,
Когда утес, склонясь челом,
Все их усилья презирает,
Не им грозит, не им внимает.
Люблю их рев, и тишину,
И эту вечную войну

С другой стихией, с облаками,
С дождем и вихрем! Сколько раз

На корабле, в опасный час,
Когда летала смерть над нами,
Я в ужасе творца молил,
Чтоб океан мой победил!

АЗРАИЛ

Речка, кругом широкие долины, курган, на берегу издохший конь лежит близ кургана, и вороны летают над ним. Всё дико.

Азраил
(*сидит на кургане*)
Дождуся здесь; мне не жестка
Земля кургана. Ветер дует,
Серебряный ковыль волнует
И быстро гонит облака.
Кругом всё дико и бесплодно.
Издохший конь передо мной
Лежит, и коршуны свободно
Добычу делят меж собой.
Уж хладные белеют кости,
И скоро пир кровавый свой
Незваные оставят гости.
Так точно и в душе моей:
Всё пусто, лишь одно мученье
Грызет ее с давнишних дней
И гонит прочь отдохновенье;
Но никогда не устает
Его отчаянная злоба,

И в темной, темной келье гроба
Оно вовеки не уснет.
Всё умирает, всё проходит.
Гляжу, за веком век уводит
Толпы народов и миров
И с ними вместе исчезает.
Но дух мой гибели не знает;
Живу один средь мертвецов,
Законом общим позабытый,
С своими чувствами в борьбе,
С душой, страданьями облитой,
Не зная равного себе.
Полуземной, полунебесный,
Гонимый участью чудесной,
Я всё мгновенное люблю,
Утрата мучит грудь мою.
И я бессмертен, и за что же!
Чем, чем возможно заслужить
Такую пытку? Боже, боже!
Хотя бы мог я не любить!

Она придет сюда, я обниму
Красавицу и грудь к груди прижму,
У сердца сердце будет горячей;
Уста к устам чем ближе, тем сильней
Немая речь любви. Я расскажу
Ей всё и мир и вечность покажу;
Она слезу уронит надо мной,
Смягчит творца молитвой молодой,
Поймет меня, поймет мои мечты
И скажет: «Как велик, как жалок ты».
Сей речи звук мне будет жизни звук,
И этот час последний долгих мук.
Клянусь воспоминание об нем
Глубоко в сердце схоронить моем,
Хотя бы на меня восстал весь ад.
Тот угол, где я спрячу этот клад,
Не осквернит ни ропот, ни упрек,
Ни месть, ни зависть. Пусть свирепый рок
Сбирает тучи, пусть моя звезда
В тумане вечном тонет навсегда,

Я не боюсь: есть сердце у меня,
Надменное и полное огня,

Есть в нем любви ее святой залог,
Последнего ж не отнимает бог...

Но слышен звук шагов, она, она.
Но для чего печальна и бледна?
Венок пестреет над ее челом,
Играет солнце медленным лучом
На белых персях, на ее кудрях, —
Идет. Ужель меня тревожит страх?

Дева входит, цветы в руках и на голове, в белом платье, крест на груди у нее.

Дева

Ветер гудёт,
Месяц плывет,
Девушка плачет,
Милый в чужбину скачет.
Ни дева, ни ветер
Не замолкнут.
Месяц погаснет,
Милый изменит.

Прочь печальная песня. Я опоздала, Азраил. Так ли тебя зовут, мой друг? (Садится рядом.)

Азраил.

Что до названья? Зови меня твоим любезным, пускай твоя любовь заменит мне имя, я никогда не желал бы иметь другого. Зови как хочешь смерть — уничтожением, гибелью, покоем, тлением, сном, — она все равно поглотит свои жертвы.

Дева.

Полно с такими черными мыслями.

Азраил.

Так, моя любовь чиста, как голубь, но она хранится в мрачном месте, которое темнеет с вечностью.

Дева.
Кто ты?

Азраил.
Изгнанник, существо сильное и побежденное. Зачем ты хочешь знать?

Дева.
Что с тобою? Ты побледнел приметно, дрожь пробежала по твоим членам, твои веки опустились к земле. Милый, ты становишься страшен.

Азраил.
Не бойся, все опять прошло.

Дева.
О, я тебя люблю, люблю больше блаженства. Ты помнишь, когда мы встретились, я покраснела; ты прижал меня к себе, мне было так хорошо, так тепло у груди твоей. С тех пор моя душа с твоей одно. Ты несчастлив, вверь мне свою печаль, кто ты? откуда? ангел? демон?

Азраил.
Ни то ни другое.

Дева.
Расскажи мне твою повесть. Если ты потребуешь слез, у меня они есть; если потребуешь ласки, то я удушу тебя моими; если потребуешь помощи, о, возьми все, что я имею, возьми мое сердце и приложи его к язве, терзающей твою душу; моя любовь сожжет этого червя, который гнездится в ней. Расскажи мне твою повесть!

Азраил.
Слушай, не ужасайся, склонись к моему плечу, сбрось эти цветы, твои губы душистее. Пускай эти гвоздики, фиалки унесет ближний поток, как некогда время унесет твою собственную красоту. Как, ужели эта мысль ужасна, ужели в столько столетий люди не могли к ней привыкнуть, ужели никто не может пользоваться всею опытностию предшественников? О люди! Вы жалки, но со всем тем я сменял бы мое вечное существованье на мгновенную искру жизни человеческой, чтобы чувствовать хотя все то же, что теперь чувствую, но иметь надежду когда-нибудь позабыть, что я жил и мыслил. Слушай же мою повесть.

Рассказ Азраила

Когда еще ряды светил
Земли не знали меж собой,
В те годы я уж в мире был,
Смотрел очами и душой,
Молился, действовал, любил.
И не один я сотворен,
Нас было много; чудный край
Мы населяли, только он,
Как ваш давно забытый рай,
Был преступленьем осквернен.
Я власть великую имел,
Летал, как мысль, куда хотел,
Мог звезды навещать порой
И любоваться их красой
Вблизи, не утомляя взор;
Как перелетный метеор,
Я мог исчезнуть и блеснуть.
Везде мне был свободный путь.

Я часто ангелов видал
И громким песням их внимал,
Когда в багряных облаках
Они, качаясь на крылах,
Все вместе славили творца,
И не было хвалам конца.
Я им завидовал: они
Беспечно проводили дни,
Не знали тайных беспокойств,
Душевных болей и расстройств,
Волнения враждебных дум
И горьких слез; их светлый ум
Безвестной цели не искал,
Любовью грешной не страдал,
Не знал пристрастия к вещам,
Он весь был отдан небесам.
Но я, блуждая много лет,
Искал — чего, быть может, нет:
Творенье, сходное со мной
Хотя бы мукою одной.

И начал громко я роптать,
Мое рожденье проклинать
И говорил: «Всесильный бог,
Ты знать про будущее мог,
Зачем же сотворил меня?
Желанье глупое храня,
Везде искать мне суждено
Призрак, видение одно.
Ужели мил тебе мой стон?
И если я уж сотворен,
Чтобы игрушкою служить,
Душой, бессмертной может быть,
Зачем меня ты одарил?
Зачем я верил и любил?
И наказание в ответ
Упало на главу мою.
О, не скажу какое, нет!
Твою беспечность не убью,
Не дам понятия о том,
Что лишь с возвышенным умом
И с непреклонною душой
Изведать велено судьбой.
Чем дольше мука тяготит,

Тем глубже рана от нее;
Обливши смертью бытие,
Она опять его живит,
И эта жизнь пуста, мрачна,
Как пропасть, где не знают дна:
Глотая всё, добро и зло,
Не наполняется она.
Взгляни на бледное чело,
Приметь морщин печальный ряд,
Неровный ход моих речей,
Мой горький смех, мой дикий взгляд
При вспоминанье прошлых дней,
И если тотчас не прочтешь
Ты ясно всех моих страстей,
То вечно, вечно не поймешь
Того, кто за безумный сон,
За миг столетьями казнен.

Я пережил звезду свою, —
Как дым рассыпалась она,
Рукой творца раздроблена;
Но смерти верной на краю,
Взирая на погибший мир,
Я жил один, забыт и сир.
По беспредельности небес
Блуждал я много, много лет
И зрел, как старый мир исчез
И как родился новый свет;
И страсти первые людей
Не скрылись от моих очей.
И ныне я живу меж вас,
Бессмертный, смертную люблю
И с трепетом свиданья час,
Как пылкий юноша, ловлю.
Когда же род людей пройдет
И землю вечность разобьет,
Услышав грозную трубу,
Я в новый удалюся мир
И стану там, как прежде сир,
Свою оплакивать судьбу.

Вот повесть чудная моя.
Поверь иль нет — мне всё равно:

Доверчивое сердце я
Привык не находить давно.
Однако ж я молю: поверь
И тем тоску мою умерь.
Никто не мог тебя любить
Так пламенно, как я теперь.
Что сердце попусту язвить,
Зачем вдвойне его казнить?
Но нет, ты плачешь. Я любим,
Хоть только существом одним,
Хоть в первый и последний раз.
Мой ум светлей отныне стал,
И, признаюсь, лишь в этот час
Я умереть бы не желал.

Дева.
Я тебя не понимаю, Азраил, ты говоришь так темно. Ты видел другой мир, где ж он? В нашем законе ничего не сказано о людях, живших прежде нас.

Азраил.
Потому что закон Моисея не существовал прежде земли.

Дева.
Полно, ты меня хочешь только испугать.

Азраил бледнеет.

Я пришла сюда, чтобы с тобой проститься, мой милый. Моя мать говорит, что покамест это должно, я иду замуж. Мой жених славный воин, его шлем блестит как жар, и меч его опаснее молнии.

Азраил.
Вот женщина! Она обнимает одного и отдает свое сердце другому!

Дева.
Что сказал ты? О, не сердись.

Азраил.
Я не сержусь, (*горько*) и за что сердиться?

ХАДЖИ АБРЕК

Велик, богат аул Джемат,
Он никому не платит дани.
Его стена — ручной булат,
Его мечеть — на поле брани.
Его свободные сыны
В огнях войны закалены,
Дела их громки по Кавказу,
В народах дальних и чужих,
И сердца русского ни разу
Не миновала пуля их.

По небу знойный день катится,
От скал горячих пар струится;
Орел, недвижим на крылах,
Едва чернеет в облаках;
Ущелья в сон погружены —
В ауле нет лишь тишины.
Аул встревоженный пустеет,

И под горой, где ветер веет,
Где из утеса бьет поток,
Стоит внимательный кружок.
Об чем ведет переговоры
Совет джематских удальцов?
Хотят ли вновь пуститься в горы
На ловлю чуждых табунов?
Не ждут ли русского отряда,
До крови лакомых гостей?
Нет — только жалость и досада
Видна во взорах узденей.
Покрыт одеждами чужими,
Сидит на камне между ними
Лезгинец дряхлый и седой,
И льется речь его потоком,
И вкруг себя блестящим оком
Печально водит он порой.
Рассказу старого лезгина
Внимали все. Он говорил:
«Три нежных дочери, три сына
Мне бог на старость подарил,
Но бури злые разразились,
И ветви древа обвалились,
И я стою теперь один,
Как голый пень среди долин.
Увы, я стар! Мои седины
Белее снега той вершины.
Но и под снегом иногда
Бежит кипучая вода!..
Сюда, наездники Джемата!
Откройте удаль мне свою!
Кто знает князя Бей-Булата?
Кто возвратит мне дочь мою?
В плену сестры ее увяли,

В бою неровном братья пали, —
В чужбине двое, а меньшой
Пронзен штыком передо мной.
Он улыбался, умирая!
Он, верно, зрел, как дева рая
К нему слетела пред концом,
Махая радужным венцом!..
И вот пошел я жить в пустыню
С последней дочерью своей.
Ее хранил я, как святыню;
Всё, что имел я, было в ней:
Я взял с собою лишь ее
Да неизменное ружье.
В пещере с ней я поселился,
Родимой хижины лишен:
К беде я скоро приучился,
Давно был к воле приучен.
Но час ударил неизбежный,
И улетел птенец мой нежный!..
Однажды ночь была глухая,
Я спал... Безмолвно надо мной
Зеленой веткою махая,
Сидел мой ангел молодой.
Вдруг просыпаюсь: слышу, шепот, —
И слабый крик, — и конский топот...
Бегу и вижу — под горой
Несется всадник с быстротой,
Схватив ее в свои объятья.
Я с ним послал свои проклятья.
О, для чего, второй гонец,
Настичь не мог их мой свинец!
С кровавым мщеньем, вот здесь скрытым,
Без сил отмстить за свой позор,
Влачусь я по горам с тех пор,
Как змей, раздавленный копытом.
И нет покоя для меня
С того мучительного дня...
Сюда, наездники Джемата!
Откройте удаль мне свою!
Кто знает князя Бей-Булата?
Кто привезет мне дочь мою?»

«Я!» — молвил витязь черноокий,
Схватившись за кинжал широкий,
И в изумлении немом
Толпа раздвинулась кругом.
«Я знаю князя! Я решился!..
Две ночи здесь ты жди меня:
Хаджи бесстрашный не садился
Ни разу даром на коня.
Но если я не буду к сроку,
Тогда обет мой позабудь
И об душе моей пророку
Ты помолись, пускаясь в путь».

Взошла заря. Из-за туманов
На небосклоне голубом
Главы гранитных великанов
Встают, увенчанные льдом.
В ущелье облако проснулось,
Как парус розовый, надулось
И понеслось по вышине.
Всё дышит утром. За оврагом
По косогору едет шагом
Черкес на борзом скакуне.
Еще ленивое светило
Росы холмов не осушило.
Со скал высоких, над путем,
Склонился дикий виноградник,
Его серебряным дождем
Осыпан часто конь и всадник.
Небрежно бросив повода,
Красивой плеткой он махает
И песню дедов иногда,
Склонясь на гриву, запевает.
И дальний отзыв за горой
Уныло вторит песни той.

Есть поворот — и путь, прорытый
Арбы скрипучим колесом,
Там, где красивые граниты
Рубчатым сходятся венцом.
Оттуда он, как под ногами,

Смиренный различит аул,
И пыль, поднятую стадами,
И пробужденья первый гул,
И на краю крутого ската
Отметит саклю Бей-Булата,
И, как орел, с вершины гор
Вперит на крышу светлый взор.
В тени прохладной, у порога,
Лезгинка юная сидит.
Пред нею тянется дорога,
Но грустно вдаль она глядит.
Кого ты ждешь, звезда востока,
С заботой нежною такой?
Не друг ли будет издалёка?
Не брат ли с битвы роковой?
От зноя утомясь дневного,

Твоя головка уж готова
На грудь высокую упасть;
Рука скользнула вдоль колена,
И неги сладостная власть
Плечо исторгнула из плена;
Отяготел твой ясный взор,
Покрывшись влагою жемчужной;
В твоих щеках как метеор
Играет пламя крови южной;
Уста волшебные твои
Зовут лобзание любви.
Немым встревожена желаньем,
Обнять ты ищешь что-нибудь,
И перси слабым трепетаньем
Хотят покровы оттолкнуть.
О, где ты, сердца друг бесценный!..
Но вот — и топот отдаленный,
И пыль знакомая взвилась,
И дева шепчет: «Это князь!»

Легко надежда утешает,
Легко обманывает глаз:
Уж близко путник подъезжает...
Увы, она его не знает

И видит только в первый раз!
То странник, в поле запоздалый,
Гостеприимный ищет кров;
Дымится конь его усталый,
И он спрыгнуть уже готов...
Спрыгни же, всадник!.. Что же он
Как будто крова испугался?
Он смотрит! Краткий, грустный стон
От губ сомкнутых оторвался,
Как лист от ветви молодой,
Измятый летнею грозой!

«Что медлишь, путник, у порога?
Слезай с походного коня.
Случайный гость — подарок бога.
Кумыс и мед есть у меня.
Ты, вижу, беден, — я богата.
Почти же кровлю Бей-Булата!
Когда опять поедешь в путь,
В молитве нас не позабудь!»

Хаджи Абрек
Аллах спаси тебя, Леила!
Ты гостя лаской подарила;
И от отца тебе поклон
За то привез с собою он.

Леила
Как! Мой отец? Меня поныне
В разлуке долгой не забыл?
Где он живет?

Хаджи Абрек
Где прежде жил:
То в чуждой сакле, то в пустыне.

Леила
Скажи: он весел, он счастлив?
Скорей ответствуй мне...

Хаджи Абрек
Он жив.

Хотя порой дождям и стуже
Открыта голова его...
Но ты?

Леила
Я счастлива.

Хаджи Абре
(*тихо*)
Тем хуже!

Леила
А? что ты молвил?..

Хаджи Абрек
Ничего!

Сидит пришелец за столом.
Чихирь с серебряным пшеном
Пред ним, не тронуты доселе,
Стоят! Он странен, в самом деле!

Как на челе его крутом
Блуждают, движутся морщины!
Рукою лет или кручины
Проведены они по нем?

Развеселить его желая,
Леила бубен свой берет;
В него перстами ударяя,
Лезгинку пляшет и поет.
Ее глаза как звезды блещут,
И груди полные трепещут;
Восторгом детским, но живым
Душа невинная объята:
Она кружится перед ним,
Как мотылек в лучах заката.
И вдруг звенящий бубен свой
Подъемлет белыми руками;
Вертит его над головой
И тихо черными очами

Поводит, — и, без слов, уста
Хотят сказать улыбкой милой:
«Развеселись, мой гость унылый!
Судьба и горе — всё мечта!»

Хаджи Абрек
Довольно! Перестань, Леила,
На миг веселость позабудь:
Скажи, ужель когда-нибудь
О смерти мысль не приходила
Тебя встревожить? Отвечай.

Леила
Нет! Что мне хладная могила?
Я на земле нашла свой рай.

Хаджи Абрек
Еще вопрос: ты не грустила
О дальней родине своей,
О светлом небе Дагестана?

Леила
К чему? Мне лучше, веселей
Среди нагорного тумана.
Везде прекрасен божий свет.

Отечества для сердца нет!
Оно насилья не боится,
Как птичка вырвется, умчится.
Поверь мне — счастье только там,
Где любят нас, где верят нам!

Хаджи Абрек
Любовь!.. Но знаешь ли, какое
Блаженство на земле второе
Тому, кто всё похоронил,
Чему он верил, что любил!
Блаженство то верней любови
И только хочет слез да крови.
В нем утешенье для людей,
Когда умрет другое счастье;

В нем преступлений сладострастье,
В нем ад и рай души моей.
Оно при нас всегда, бессменно,
То мучит, то ласкает нас...
Нет, за единый мщенья час,
Клянусь, я не взял бы вселенной!

Леила
Ты бледен?

Хаджи Абрек
Выслушай. Давно
Тому назад имел я брата;
И он — так было суждено —
Погиб от пули Бей-Булата.
Погиб без славы, не в бою,
Как зверь лесной, — врага не зная,
Но месть и ненависть свою
Он завещал мне, умирая.
И я убийцу отыскал,
И занесен был мой кинжал,
Но я подумал: «Это ль мщенье?
Что смерть! Ужель одно мгновенье
Заплатит мне за столько лет
Печали, грусти, мук?.. О нет!
Он что-нибудь да в мире любит:
Найду любви его предмет,
И мой удар его погубит!»
Свершилось наконец. Пора!

Твой час пробил еще вчера.
Смотри, уж блещет луч заката!..
Пора! я слышу голос брата.
Когда сегодня в первый раз
Я увидал твой образ нежный,
Тоскою горькой и мятежной
Душа, как адом, вся зажглась.
Но это чувство улетело...
Валлах! исполню клятву смело!

Как зимний снег в горах бледна,
Пред ним повергнулась она

На ослабевшие колени;
Мольбы, рыданья, слезы, пени
Перед жестоким излились.
«Ох, ты ужасен с этим взглядом!
Нет, не смотри так! Отвернись!
По мне текут холодным ядом
Слова твои... О, боже мой!
Ужель ты шутишь надо мной?
Ответствуй! ничего не значат
Невинных слезы пред тобой?
О, сжалься!.. Говори — как плачут
В твоей родимой стороне?
Погибнуть рано, рано мне!..
Оставь мне жизнь! Оставь мне младость!
Ты знал ли, что такое радость?
Бывал ли ты во цвете лет
Любим, как я?.. О, верно, нет!»

Хаджи в молчанье роковом
Стоял с нахмуренным челом.

«В твоих глазах ни сожаленья,
Ни слез, жестокий, не видать!..
Ах!.. Боже!.. Ай!.. дай подождать!..
Хоть час один... одно мгновенье!!.»
Блеснула шашка. Раз — и два!
И покатилась голова...
И окровавленной рукою
С земли он приподнял ее.
И острой шашки лезвиё
Обтер волнистою косою.
Потом, бездушное чело
Одевши буркою косматой,
Он вышел и прыгнул в седло.
Послушный конь его, объятый
Внезапно страхом неземным,
Храпит и пенится под ним,
Щетиной грива, ржет и пышет,
Грызет стальные удила,
Ни слов, ни повода не слышит
И мчится в горы как стрела.

Заря бледнеет. Поздно, поздно,
Сырая ночь недалека!
С вершин Кавказа тихо, грозно
Ползут, как змеи, облака,
Игру бессвязную заводят,
В провалы душные заходят,
Задев колючие кусты,
Бросают жемчуг на листы.
Ручей катится — мутный, серый,
В нем пена бьет из-под травы
И блещет сквозь туман пещеры,
Как очи мертвой головы.
Скорее, путник одинокой!
Закройся буркою широкой,
Ремянный повод натяни,
Ремянной плеткою махни.
Тебе вослед еще не мчится
Ни горный дух, ни дикий зверь,
Но если можешь ты молиться,
То не мешало бы — теперь.

«Скачи, мой конь! Пугливым оком
Зачем глядишь перед собой?
То камень, сглаженный потоком!..
То змей блистает чешуей!..
Твоею гривой в поле брани
Стирал я кровь с могучей длани;
В степи глухой, в недобрый час,
Уже не раз меня ты спас.
Мы отдохнем в краю родном.
Твою уздечку еще боле
Обвешу русским серебром,
И будешь ты в зеленом поле.

Давно ль, давно ль ты изменился,
Скажи, товарищ дорогой?
Что рано пеною покрылся?
Что тяжко дышишь подо мной?
Вот месяц выйдет из тумана,
Верхи дерев осеребрит,
И нам откроется поляна,
Где наш аул во мраке спит,

Заблещут, издали мелькая,
Огни джематских пастухов,
И различим мы, подъезжая,
Глухое ржанье табунов,
И кони вкруг тебя столпятся...
Но стоит мне лишь приподняться,
Они в испуге захрапят
И все шарахнутся назад:
Они почуют издалёка,
Что мы с тобою дети рока!..»

Долины ночь еще объемлет,
Аул Джемат спокойно дремлет,
Один старик лишь в нем не спит.
Один, как памятник могильный,
Недвижим, близ дороги пыльной,
На сером камне он сидит.
Его глаза на путь далекой
Устремлены с тоской глубокой.

«Кто этот всадник? Бережливо
Съезжает он с горы крутой;
Его товарищ долгогривый
Поник усталой головой.
В руке, под буркою дорожной,
Он что-то держит осторожно
И бережет как свет очей».
И думает старик согбенный:
«Подарок, верно, драгоценный
От милой дочери моей!»
Уж всадник близок, под горою
Коня от вдруг остановил,
Потом дрожащею рукою
Он бурку темную открыл,
Открыл — и дар его кровавый

Скатился тихо на траву.
Несчастный видит — боже правый! —
Своей Леилы голову!..
И он, в безумном восхищенье,
К своим устам ее прижал!
Как будто ей передавал

Свое последнее мученье.
Всю жизнь свою в единый стон,
В одно лобзанье вылил он.
Довольно люди и печали
В нем сердце бедное терзали!
Как нить, истлевшая давно,
Разорвалося вдруг оно,
И неподвижные морщины
Покрылись бледностью кончины.
Душа так быстро отлетела,
Что мысль, которой до конца
Он жил, черты его лица
Совсем оставить не успела.

Молчанье мрачное храня,
Хаджи ему не подивился;
Взглянул на шашку, на коня —
И быстро в горы удалился.

Промчался год. В глухой теснине
Два трупа смрадные, в пыли,
Блуждая, путники нашли
И схоронили на вершине.
Облиты кровью были оба,
И ярко начертала злоба
Проклятие на их челе.
Обнявшись крепко, на земле
Они лежали, костенея,
Два друга с виду — два злодея!
Быть может, то одна мечта,
Но бедным странникам казалось,
Что их лицо порой менялось,
Что всё грозили их уста.
Одежда их была богата,
Башлык их шапки покрывал, —
В одном узнали Бей-Булата,
Никто другого не узнал.

ЧЕРКЕСЫ

I

Уж в горах солнце исчезает,
В долинах всюду мертвый сон,
Заря блистая угасает,
Вдали гудит протяжный звон,
Покрыто мглой туманно поле,
Зарница блещет в небесах,
В долинах стад не видно боле,
Лишь серны скачут на холмах.
И серый волк бежит чрез горы;
Его свирепо блещут взоры.
В тени развесистых дубов
Влезает он в свою берлогу.
За ним бежит через дорогу
С ружьем охотник, пара псов
На сворах рвутся с нетерпенья;
Все тихо; и в глуши лесов
Не слышно жалобного пенья
Пустынной иволги; лишь там
Весенний ветерок играет,
Перелетая по кустам;
В глуши кукушка занывает;
И на дупле как тень сидит
Полночный ворон и кричит.
Меж диких скал крутит, сверкает
Подале Терек за горой;
Высокий берег подмывает,
Крутяся, пеною седой.

II

Одето небо черной мглою,
В тумане месяц чуть блестит;
Лишь на сухих скалах травою
Полночный ветер шевелит.
На холмах маяки блистают;

Там стражи русские стоят;
Их копья острые блестят;
Друг друга громко окликают:
“Не спит казак во тьме ночной;
“Чеченцы ходят за рекой!”
Но вот они стрелу пускают,
Взвилась! и падает казак
С окровавленного кургана;
В очах его смертельный мрак:
Ему не зреть родного Дона,
Ни милых сердцу, ни семью:
Он жизнь окончил здесь свою.

III

В густом лесу видна поляна,
Чуть освещенная луной,
Мелькают, будто из тумана,
Огни на крепости большой.
Вдруг слышен шорох за кустами,
Въезжают несколько людей;
Обкинув все кругом очами,
Они слезают с лошадей.
На каждом шашка, за плечами
Ружье заряжено висит,
Два пистолета, борзы кони;
По бурке на седле лежит.
Огонь черкесы зажигают,
И все садятся тут кругом;
Привязанные к деревам
В лесу кони траву щипают,
Клубится дым, огонь трещит,
Кругом поляна вся блестит.

IV

Один черкес одет в кольчугу,
Из серебра его наряд,
Уздени вкруг него сидят;
Другие ж все лежат по лугу.
Иные чистят шашки остры,

Иль навостряют стрелы быстры.
Кругом все тихо, все молчит, -
Восстал вдруг князь и говорит:
“Черкесы, мой народ военный,
“Готовы будьте всякий час,
“На жертву смерти - смерти славной
“Не всяк достоин здесь из вас.
“Взгляните: в крепости высокой
“В цепях, в тюрьме мой брат сидит,
“В печали, в скорби, одинокой,
“Его спасу, иль мне не жить.

V

“Вчера я спал, под хладной мглой,
“И вдруг увидел будто брата,
“Что он стоял передо мной -
“И мне сказал: минуты трата
“И я погиб, - спаси меня: -
“Но призрак легкий вдруг сокрылся;
“С сырой земли поднялся я;
“Его спасти я устремился;
“И вот ищу и ночь и день;
“И призрак легкий не являлся
“С тех пор, как брата бледна тень
“Меня звала, и я старался
“Его избавить от оков;
“И я на смерть всегда готов!
“Теперь клянуся Магометом,
“Клянусь, клянуся целым светом!... -
“Настал неизбежимый час,
“Для русских смерть, или мученье,
“Иль мне взглянуть в последний раз
“На ярко солнца восхожденье”.
Умолкнул князь. И все трикратно
Повторили его слова. -
“Погибнуть русским невозвратно,
Иль с тела свалится глава”.

VI

Восток алея пламенеет,

И день заботливый светлеет.
Уже в селах кричит петух;
Уж месяц в облаке потух.
Денница, тихо поднимаясь,
Златит холмы и тихий бор;
И юный луч, со тьмой сражаясь,
Вдруг показался из-за гор.
Колосья в поле под серпами
Ложатся желтыми рядами.
Все утром дышит; ветерок
Играет в Тереке на волнах,
Вздымает зыблемый песок.
Свод неба синий, тих и чист;
Прохлада с речки повевает,
Прелестный запах юный лист
С весенней свежестью сливает.
Везде, кругом сгустился лес,
Повсюду тихое молчанье;
Струей, сквозь темный свод древес
Прокравшись, дневное сиянье
Верхи и корни золотит.
Лишь ветра тихим дуновеньем
Сорван листок летит, блестит,
Смущая тишину паденьем.
Но вот приметя свет дневной,
Черкесы на коней садятся,
Быстрее стрел по лесу мчатся,
Как пчел неутомимый рой,
Сокрылися в тени густой.

VII

О если б ты, в прекрасный день,
Гнал так же горесть, страх, смятенья,
Как гонишь ты ночную тень
И снов обманчивых виденья!
Заутрень в граде дальний звон
По роще ветром разнесен;
И на горе стоит высокой
Прекрасный град, там слышен громкой
Стук барабанов, и войска,

Закинув ружья на плеча?
Стоят на площаде. И в параде
Народ весь в праздничном наряде
Идет из церкви. Стук карет,
Колясок, дрожек раздается;
На небе стая галок вьется;
Всяк в дом свой завтракать идет;
Там тихо ставни растворяют;
Там по улице гуляют1
Иль идут войско посмотреть
В большую крепость. - Но чернеть
Уж стали тучи за горами,
И только яркими лучами
Блистало солнце с высоты;
И ветр бежал через кусты.

VIII

Уж войско хочет расходиться
В большую крепость на горе;
Но топот слышен в тишине.
Вдали густая пыль клубится.
И видят, кто-то на коне
С оглядкой боязливой мчится.
Но вот он здесь уж, вот слезает;
К начальнику он подбегает
И говорит: Погибель нам!
Вели готовиться войскам;
Черкесы мчатся за горами,
Нас было двое, и за нами
Они пустились на конях.
Меня объял внезапный страх;
Насилу я от них умчался;
Да конь хорош, а то б попался.

IX

Начальник всем полкам велел
Сбираться к бою, зазвенел
Набатный колокол; толпятся,
Мятутся, строятся, делятся;

Вороты крепости сперлись. -
Иные вихрем понеслись
Остановить черкесску силу,
Иль с славою вкусить могилу.
И видно зарево кругом;
Черкесы поле покрывают;
Ряды как львы перебегают;
Со звоном сшибся меч с мечем;
И разом храброго не стало.
Ядро во мраке прожужжало,
И целый ряд бесстрашных пал;
Но все смешались в дыме черном. -
Здесь бурный конь с копьем вонзенным,
Вскочивши на дыбы, заржал;
Сквозь русские ряды несется;
Упал на землю, сильно рвется,
Покрывши всадника собой, -
Повсюду слышен стон и вой.

X

Пушек гром везде грохочет;
А здесь изрубленный герой
Воззвать к дружине верной хочет;
И голос замер на устах.
Другой бежит на поле ратном;
Бежит, глотая пыль и прах;
Трикрат сверкнул мечем булатным,
И в воздухе недвижим меч;
Звеня, падет кольчуга с плеч;
Копье рамена прободает,
И хлещет кровь из них рекой.
Несчастный раны зажимает
Холодной, трепетной рукой.
Еще ружье свое он ищет;
Повсюду стук, и пули свищут;
Повсюду слышен пушек вой;
Повсюду смерть и ужас мещет
В горах, и в долах, и в лесах;
Во граде жители трепещут;
И гул несется в небесах.

Иный черкеса поражает;
Бесплодно меч его сверкает.
Махнул еще; его рука,
Подъята вверх, окостенела.
Бежать хотел. Его нога
Дрожит недвижима, замлела;
Встает и пал. Но вот несется
На лошади черкес лихой
Сквозь ряд штыков; он сильно рвется
И держит меч над головой;
Он с казаком вступает в бой;
Их сабли остры ярко блещут;
Уж луг звенит, стрела трепещет;
Удар несется роковой.
Стрела блестит, свистит, мелькает,
И в миг казака убивает.
Но вдруг толпою окружен;
Копьями острыми пронзен.
Князь сам от раны издыхает;
Падет с коня - и все бегут,
И бранно поле оставляют.
Лишь ядры русские ревут
Над их, ужасно, головой.
По-малу тихнет шумный бой,
Лишь под горами пыль клубится.
Черкесы побежденны мчатся,
Преследоваемы толпой
Сынов неустрашимых Дона,
Которых Рейн, Лоар и Рона
Видали на своих брегах,
Несут за ними смерть и страх.

XI

Утихло все; лишь изредка?
Услышишь выстрел за горою;
Редко видно казака
Несущегося прямо к бою,
И в стане русском уж покой.
Спасен и град, и над рекой
Маяк блестит, и сторож бродит;

В окружность быстрым оком смотрит
И на плече ружье несет.
Лишь только слышно: кто идет,
Лишь громко слушай раздается;
Лишь только редко пронесется
Лихой казак чрез русский стан.
Лишь редко крикнет черный вран
Голодный, трупы пожирая;
Лишь изредка мелькнет, блистая,
Огонь в палатке у солдат.
И редко чуть блеснет булат,
Заржавый от крови в сраженьи,
Иль крикнет вдруг в уединеньи
Близ стана русский часовой;
Везде господствует покой.

Список

www.ingramcontent.com/pod-product-compliance
Lightning Source LLC
Chambersburg PA
CBHW021623030826
48979CB00036B/1917/J
* 9 7 8 1 6 0 4 4 4 9 3 1 0 *